SWEET TABLE & CANDY BAR

RENATE GRUBER

MIT FOTOS VON
EISENHUT & MAYER

CupCakes

Brandstätter

EINLEITUNG

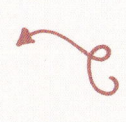 

Als ich vor mittlerweile 5 Jahren CupCakes Wien, das kleine ver-spielte Cupcakes-Café in der Josefstädter Straße 17, eröffnet habe, war Wien noch dominiert von Sachertorte, Apfelstrudel & Co. Cupcakes waren nicht nur eine absolute Neuheit, sie waren auch ein Unikum in der heimischen Patisserie. Heute finden Sie be-reits überall kleine Läden, die Süßes und Schönes in ganz unter-schiedlichen Varianten anbieten: Cupcakes, Cake Pops, Donuts und vieles mehr sind neben den heimischen Klassikern zu haben.

Die Fülle des Angebots machte Lust auf Neues: Immer öfter be-kamen wir Anfragen von Kunden, die ihre Gäste bei Hochzeiten, Taufen oder Geburtstagsfeiern mit süßen Köstlichkeiten verwöh-nen und dabei mit etwas ganz Besonderem überraschen wollen. Da liegt die Idee eines Sweet Table oder einer Candy Bar anstatt des klassischen Desserts nahe: ein ganzer Tisch, der mit wunder-vollen Leckereien unterschiedlichster Art gedeckt ist und jedem Gast die Möglichkeit bietet, nach eigener kulinarischer Vorliebe zu wählen. Und das Ganze sieht noch dazu phänomenal aus!

Und so denke ich mir, dass die Zeit reif ist für ein Buch wie die-ses: Es enthält Ideen und Rezepte für Sweet Tables und Candy Bars. Es soll anregen und Lust machen, Ihren eigenen „süßen Tisch" ganz nach persönlichem Geschmack zusammenzustellen. Deshalb sind die Rezepte und Beschreibungen so konzipiert, dass jeder Sweet Table in sich harmonisch ist, die Rezepte aber auch bunt kombiniert und durcheinandergemischt werden können.

In diesem Sinne wünsche ich viel Freude beim Gestalten Ihres eigenen Sweet Table!

Ihre

WIE SIE IHREN SÜSSEN TISCH DECKEN

Ein Sweet Table ist ein Gesamtkunstwerk: Cupcakes, Mini-Cupcakes, Torten, Cake Pops und vieles mehr, mit Liebe gebacken, dekoriert und effektvoll arrangiert, bringen Ihre Gäste garantiert zum Staunen. Ein bisschen Zeit sollten Sie sich für die Vorbereitung nehmen – so manches Dekor muss trocknen, bevor es eine Torte krönt, für manche Rezepte brauchen Sie Puddinge oder eingekochte Früchte, die Sie am Tag vor dem Event zubereiten müssen.

Um Ihnen die Vorbereitung zu erleichtern und Ihnen freie Hand bei der Gestaltung Ihres Sweet Table zu ermöglichen, wird in diesem Buch viel mit Basisrezepten gearbeitet. Nahezu jede Grundmasse lässt sich als Torte, Cupcake oder Mini-Cupcake backen. Wenn Sie die Torten nachbacken, benötigen Sie oft die dreifache Menge der Basis-Teigmasse – das ist wirklich viel. Ihre Rührschüsseln in Haushaltsgröße und Ihr Backofen sind damit vermutlich überfordert. Ich empfehle Ihnen daher, die Mengen zu teilen oder zu dritteln und hintereinander zu backen, vielleicht sogar schon am Vortag, dann haben Sie genügend Zeit fürs Finish.

Bei den Cremen und Toppings wird Ihnen manchmal – vor allem bei den Mini-Cupcakes – etwas übrig bleiben. Dressieren Sie diese restliche Creme hübsch in kleine Gläser, dekorieren Sie mit Früchten, Likör Ihrer Wahl oder mit flüssiger Schokolade, und schon haben Sie eine weitere Köstlichkeit auf Ihrem süßen Tisch!

Ob Sie einzeln backen oder einen ganzen Sweet Table planen – ich wünsche Ihnen viel Freude beim Backen und Dekorieren, beim Kombinieren, Arrangieren und natürlich beim Genießen. Ich kann Ihnen nämlich versprechen, dass die wunderbaren Gesamtkunstwerke genauso gut schmecken, wie sie aussehen.

INHALT

♥ SÜSSE WEIHNACHT

♥ KIDS' PARTY

♥ BASISREZEPTE

♥ AUSSERDEM

♥

HOME SWEET HOME

♥

NAKED CAKE

Bananen-Nuss-Brownies

PAVOVLA

Kalte Schnäuzchen

WEISSES KAFFEE-FEIGEN-
TOPPING

Kastaniengläser

NEKTARINEN-
TOPPING

Naked Cake

~~~~~

ZUTATEN

Vanillekuchen
(Basisrezept S. 145, doppelte Menge, 1 Blech)

Creme
375 g	Mascarino
35 g	Puderzucker
20 g	Kokosraspel
60 g	Passionsfruchtsaft
15 g	weißer Rum
25 g	Schlagsahne

Dekor
frische Früchte der Saison

WERKZEUG

- ♥ Dressiersack
- ♥ Lochtülle

WISSENSWERTES

Mascarino

Naked Cakes sind Torten, die im wahrsten Sinne des Wortes zeigen, was in ihnen steckt: Kuchenscheiben, aufeinandergeschichtet, gefüllt mit köstlichen Cremes und frischen Früchten. Ein herrlicher Sommergenuss oder auch eine Gaumenfreude für alle, für die weniger Dekor mehr ist. Und so geht's:

Backen Sie einen flachen Vanillekuchen laut Basisrezept und schneiden Sie 3 Scheiben (à 17 cm Durchmesser) aus dem gebackenen Kuchen aus. Am besten schneiden Sie dafür eine Papierschablone aus und legen diese auf die Kuchenplatte.

Geben Sie alle Zutaten für die Creme in eine Rührschüssel und mixen Sie so lange, bis die Creme eine standfeste Konsistenz hat. Füllen Sie die Creme in einen Dressiersack mit runder Lochtülle und dressieren Sie damit auf jede Scheibe Vanillekuchen ca. 2 cm große Tupfen eng nebeneinander. Setzen Sie die Torte zusammen und belegen Sie die oberste Scheibe mit frischen Früchten der Saison bzw. Ihrer Wahl. Fertig ist die Gaumenfreude!

Für 1 Torte

BANANEN-NUSS-BROWNIES

Schlagen Sie die zimmerwarme Butter, den Zucker und den Vanillezucker gut mit dem Mixer auf, geben Sie nach und nach die Eier dazu und mixen Sie weiter. Danach heben Sie die restlichen Zutaten vorsichtig mit einem Spatel oder von Hand unter. Es darf dabei nicht zu viel Luft aus der Teigmasse herausgerührt werden. Legen Sie eine Backform (25 x 40 cm) gut mit Backpapier aus und füllen Sie die Masse ein. Backen Sie die Brownies bei 170 °C ca. 40 bis 50 Minuten. Nach dem Auskühlen heben Sie den Kuchen aus der Form und schneiden ihn in gleich große Stückchen.

Für den Dekor erwärmen Sie die Pflanzenfettglasur über einem Wasserbad. Geben Sie die flüssige Glasur in einen Einweg-Dressiersack und schneiden Sie unten ein ganz kleines Loch hinein. Nun zeichnen Sie Schoko-Linien über Ihre Brownie-Stückchen. Die Walnusshälften können Sie entweder vor dem Glasieren oder danach auf die Brownies legen.

ZUTATEN

525 g	zimmerwarme Butter
600 g	Zucker
12 g	Vanillezucker
6	Bio-Freiland-Eier (Größe L)
180 g	ungesüßtes Kakaopulver
240 g	Weizenmehl (glatt)
150 g	frische Banane, in Scheibchen
150 g	Walnüsse, gehackt

Dekor

100 g	dunkle Pflanzenfettglasur
1	Handvoll halbe Walnüsse

WERKZEUG

♥ Einweg-Dressiersack

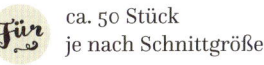

Für ca. 50 Stück
je nach Schnittgröße

PAVLOVA

⤬

ZUTATEN

Scheiben

3	Eiweiß (Bio-Freilandeier, Größe L)
315 g	Zucker
Mark	einer halben Vanilleschote
¼ TL	Weinstein
60 g	Haselnüsse, gehackt
40 g	dunkle Schokosplitter

Füllung

500 g	Mascarino
50 g	Puderzucker
60 g	Schlagsahne
10 g	Rum oder Likör nach Geschmack
5 g	Vanillezucker

Dekor

2 EL	Aprikosenmarmelade

WERKZEUG

- ♥ Dressiersack
- ♥ Lochtülle
- ♥ Sterntülle

WISSENSWERTES

Mascarino

GLUTENFREI

Schlagen Sie das Eiweiß gemeinsam mit dem Zucker und dem Vanillemark über einem Wasserbad auf, geben Sie den Weinstein dazu und nehmen Sie die Rührschüssel vom Wasserbad. Mixen Sie nun so lange, bis die Masse abgekühlt ist (kaltschlagen). Dann heben Sie vorsichtig Nüsse und Schokosplitter unter. Zeichnen Sie Kreise von 7 cm Durchmesser auf ein Backpapier und legen Sie dieses mit der bezeichneten Seite nach unten auf ein Blech (sonst nimmt die Nussmasse die Farbe auf). Füllen Sie die Masse in einen Dressiersack mit Lochtülle und dressieren Sie Scheiben auf die vorgezeichneten Formen. Backen Sie die Scheiben ca. 1 Stunde bei 100 °C (Ober- und Unterhitze) im vorgeheizten Ofen. Die Scheiben sollen außen knusprig, trocken und innen noch weich sein.

Für die Füllung geben Sie alle Zutaten in eine Rührschüssel und mixen so lange, bis eine standfeste Creme entsteht. Füllen Sie die Creme in einen Dressiersack mit großer Sterntülle und dressieren Sie die Creme wie auf dem Foto auf je 2 ausgekühlte Nuss-Scheiben. Setzen Sie diese beiden Teile übereinander und dekorieren Sie die obere Schicht mit einem kleinen Tupfen Aprikosenmarmelade. Da sich die Nussmasse rasch mit Feuchtigkeit vollsaugt, empfiehlt es sich, die Creme unmittelbar vor dem Servieren aufzutragen.

Trockene Nuss-Scheiben können Sie in einem gut verschlossenen Behälter bei Raumtemperatur über eine Woche aufbewahren.

Für ca. 20 Scheiben (Durchmesser 7 cm, Höhe ca. 1–1,5 cm)

Kalte Schnäuzchen

Schmelzen Sie das Kokosfett und die Kuvertüre über einem Wasserbad oder in der Mikrowelle. In einem separaten Topf erwärmen Sie die Schlagsahne leicht und lösen Kakaopulver sowie Zucker und Vanillezucker darin auf. Sobald der Zucker und der Kakao sich gut aufgelöst haben, rühren Sie die Schlagsahne-Mischung in die Kuvertüre. Dann fügen Sie den Rest der Zutaten hinzu, rühren alles gut um und füllen die Masse in einen mit Backpapier ausgelegten flachen Behälter (ca. 30 x 30 cm). Streichen Sie die Oberfläche glatt und lassen Sie die Masse ca. 4 Stunden im Kühlschrank fest werden.

Kippen Sie die Masse aus dem Behälter und schneiden Sie sie in kleine Stücke. Die „Kalten Schnäuzchen" haben ihren Namen daher, weil sie kalt einfach am besten schmecken und bei Wärme schnell schmelzen. Servieren Sie die Kalten Schnäuzchen also immer frisch aus dem Kühlschrank!

Sie können die Kalten Schnäuzchen in einem gut verschlossenen Behälter ca. 2 Tage aufheben. Wenn Sie anstatt der frischen Himbeeren gefriergetrocknete Früchte verwenden, halten die Schnitten im Kühlschrank über 2 Wochen.

ZUTATEN

300 g	Kokosfett
300 g	dunkle Kuvertüre
200 g	Schlagsahne
50 g	ungesüßtes Kakaopulver
45 g	Zucker
2 Pkg.	Vanillezucker
50 g	frische Himbeeren
200 g	Nüsse, gemischt nach Geschmack
250 g	Butterkekse, in kleinen Stücken

Für 20–30 Stück je nach Schnittgröße

WEISSES KAFFEE-FEIGEN-TOPPING

ZUTATEN

Feigenkompott
40 g	Zucker
40 g	Wasser
1	Prise Salz
4 g	Vanillezucker
½	Zimtstange
2 cm	Orangenschale
40 g	Ahornsirup
260 g	frische Feigen, geschält und in Spalten

Weiße Ganache
45 g	Schlagsahne
75 g	weiße Kuvertüre

Weißer Kaffeepudding
180 g	Schlagsahne
170 g	Milch
90 g	Kaffeebohnen
40 g	Zucker
30 g	Maisstärke
1	Eigelb (Bio-Freiland-Ei, Größe L)
40 g	Milch

Topping
325 g	weißer Kaffeepudding
400 g	Mascarino
65 g	Sirup vom Feigenkompott (nicht abgeseiht!)
120 g	weiße Ganache
12 g	Puderzucker

Dekor
Kompottfeigen

WERKZEUG

♥ Dressiersack
♥ Sterntülle

 Für 12 große Sponges

Bereiten Sie das Feigenkompott am Vortag zu: Lassen Sie alle Zutaten bis auf die Feigen in einem Topf einmal aufkochen, geben Sie die Früchte dazu und kochen Sie alles nochmals kurz auf. Nehmen Sie das Kompott gleich vom Herd und lassen Sie es zugedeckt über Nacht im Kühlschrank ziehen.

Bereiten Sie die weiße Ganache ebenfalls am Vortag zu: Schneiden Sie die weiße Kuvertüre in ganz kleine Stücke. Erhitzen Sie die Schlagsahne in einem Topf, bis sie einmal aufkocht. Gießen Sie die heiße Sahne über die Kuvertüre und lösen Sie diese durch langsames Rühren gänzlich auf. Lassen Sie die weiße Ganache über Nacht im Kühlschrank auskühlen.

Der weiße Kaffeepudding wird auch am Vortag zubereitet: Geben Sie die Schlagsahne, 170 g Milch und die Kaffeebohnen in einen Topf und lassen Sie alles 1 Minute kochen. Seihen Sie die Bohnen ab und kochen Sie die Flüssigkeit nochmals mit 40 g Zucker auf. Währenddessen verrühren Sie die Stärke und das Eigelb in 40 g Milch. Gießen Sie die Stärke-Mischung unter ständigem Rühren in die kochende Sahne-Mischung, bis ein Pudding entsteht. Nehmen Sie den Pudding sofort vom Herd und gießen Sie ihn zum Auskühlen in eine Schüssel. Decken Sie den Pudding mit Frischhaltefolie ab, und zwar so, dass die Frischhaltefolie direkten Kontakt zur Puddingoberfläche hat.

Am nächsten Tag können Sie Ihr Topping finalisieren: Geben Sie den Pudding in eine Schüssel und rühren Sie ihn mit dem Mixer glatt. Dann fügen Sie die restlichen Zutaten hinzu und schlagen alles zu einem standfesten Topping auf. Füllen Sie das Topping in einen Dressiersack mit großer Sterntülle und dressieren Sie es in kreisenden Bewegungen auf Ihre Sponges (Empfehlung: Schoko-Kastanien-Kuchen, als Sponge gebacken, *Basisrezept S. 143*). Als Dekoration setzen Sie die Feigen aus dem Kompott oben drauf!

Sie werden sehen, die Mühe lohnt sich!

Kastaniengläser

♥

ZUTATEN

Schoko-Kastanien-Kuchen
(Basisrezept S. 143),
glutenfrei, als Sponge gebacken

Creme

500 g	Mascarino
50 g	Puderzucker
60 g	Sahne
25 g	Rum
5 g	Vanillezucker
240 g	Himbeermarmelade (hoher Fruchtanteil)
750 g	Kastanienpüree
24	Amarenakirschen

WERKZEUG

♥ Einweg-Dressiersack

WISSENSWERTES

Mascarino

Backen Sie die Sponges laut Basisrezept. Halbieren Sie die Schoko-Kastanien-Sponges horizontal und geben Sie je eine Hälfte als Boden in Ihre Gläser. Mixen Sie nun alle Zutaten für die Creme in einer Rührschüssel zu einer festen Konsistenz und füllen Sie die Creme in einen Einweg-Dressiersack. Schneiden Sie diesen unten auf und dressieren Sie eine Schicht Creme auf den Sponge. Darüber kommt eine dünne Schicht hochwertige Himbeermarmelade. Dann pressen Sie das Kastanienpüree durch eine Kartoffelpresse und verteilen es auf der Marmeladenschicht. Im Notfall können Sie auch eine Knoblauchpresse verwenden, dann dauert es aber wesentlich länger (außerdem sollte die Presse nicht mehr nach Knoblauch riechen). Über das Kastanienpüree dressieren Sie den Rest Ihrer Creme und als Abschluss kommt eine hübsche Amarenakirsche oben drauf. Fertig!

Für 24 Gläser (Durchmesser in der Größe der Sponges)

Nektarinen-Topping

Bereiten Sie das Nektarinenpüree am Vortag zu: Entkernen Sie die Nektarinen und schneiden Sie diese in kleine Spalten. Schälen Sie den frischen Ingwer und reiben Sie ihn fein. Vermischen Sie Nektarinen und Ingwer mit den restlichen Zutaten und füllen Sie alles in eine feuerfeste Form. Lassen Sie die Früchte bei 190 °C für ca. 30 Minuten im vorgeheizten Ofen schmoren. Danach decken Sie die Form zu und lassen dic Früchte weitere 15 Minuten im Ofen schmoren. Anschließend werden die Nektarinen noch heiß püriert. (Achtung: nicht die Finger verbrennen!) Lassen Sie das Püree im Kühlschrank über Nacht auskühlen.

Für Ihr Topping geben Sie alle Zutaten in eine Rührschüssel und mixen so lange, bis eine standfeste Creme entsteht. Füllen Sie das Topping in einen Dressiersack mit Sterntülle und dressieren Sie es als kleine Tupfen auf die Mini-Sponges (oder in kreisenden Bewegungen auf große Sponges; Empfehlung: Quark-Nuss-Kuchen, als Sponge gebacken, *Basisrezept S. 144*). Dekorieren Sie mit ein wenig vom restlichen Nektarinenpüree.

ZUTATEN

Nektarinenpüree

4	mittelgroße Nektarinen (ca. 500 g Gesamtgewicht)
2 cm	Ingwer
70 g	Demerara-Zucker (brauner Rohrzucker)
50 g	Wasser
	Saft einer halben Limette

Topping

500 g	Mascarino
50 g	streichfähiger Quark (20 % Fett)
160 g	stichfester Frischkäse
50 g	Puderzucker
300 g	Nektarinenpüree

WERKZEUG

♥ Dressiersack
♥ Sterntülle

WISSENSWERTES

Mascarino

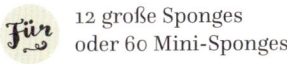

12 große Sponges oder 60 Mini-Sponges

TRAUMHOCHZEIT

I LOVE YOU

Schmetterlings- &
Herzkekse

Preiselbeer-Topping

MANDEL-PREISELBEER-
SPONGE

FRÜCHTEGLÄSER

Holunderblüten-
Trüffeln

VANILLE-BIRNEN-SPONGE

BIRNEN-TOPPING MIT
SCHOKOERDBEEREN

MORGENROT-CAKE POPS

Cheesecake-Törtchen

I LOVE YOU

~~~~~~

ZUTATEN

Vanillekuchen
*(Basisrezept S. 145,
sechsfache Menge, 3 Bleche)*

Creme
200 g	streichfähiger Quark (20 % Fett)
200 g	Mascarino
3 EL	Erdbeermarmelade mit hohem Fruchtanteil
100 g	frische Erdbeeren, in kleine Stücke geschnitten

Puderzucker nach Belieben zum Nachsüßen

Dekor
2½ kg	weißer Rollfondant
20 g	Kokosfett zum Ausrollen des Rollfondants

Zuckerkleber
rote Lebensmittelfarbe

WERKZEUG

- ♥ 2 runde Cakeboards (Durchmesser ca. 20 cm und 12 cm)
- ♥ Rollholz, antistatisch
- ♥ Herzausstecher
- ♥ Zahnstocher
- ♥ Tortendübel

TIPPS & TRICKS

Fondant ausrollen
Fondant einfärben
Torten eindecken
Stocktorten zusammensetzen

WISSENSWERTES

Lebensmittelfarbe
Mascarino, Zuckerkleber

 Für 1 Torte

Sommer, Sonne, Zeit für Feste – dabei glänzen Sie mit dieser Torte auf jeden Fall!

Stechen Sie die drei Herzen oben auf der Torte bereits 1 bis 3 Tage vor Gebrauch aus, spießen Sie diese auf Zahnstocher und lassen Sie sie bei Zimmertemperatur trocknen.

Rühren Sie alle Zutaten für die Creme mit dem Mixer auf niedriger Stufe kurz zusammen und stellen Sie diese in den Kühlschrank.

Streichen Sie die Kuchenmasse auf gefettete Backbleche und backen Sie laut Anleitung im Basisrezept. Für das untere Stockwerk schneiden Sie aus dem gebackenen Vanillekuchen drei Scheiben mit einem Durchmesser von 20 cm aus. Stapeln Sie diese übereinander, immer mit einer 5-mm-Schicht Creme dazwischen, und setzen Sie die gefüllten Kuchenschichten auf das größere Cakeboard. Verfahren Sie mit dem oberen Stockwerk mit 12 cm Durchmesser genauso. Streichen Sie auch die Seiten der beiden Kuchen dünn mit Creme ein. Schneiden Sie die Tortendübel zurecht, um sie in das untere Stockwerk zu stecken, und stellen Sie die beiden Stockwerke getrennt in den Kühlschank (mindestens 1 Stunde), wenn möglich sogar in den Tiefkühler (ca. 30 Minuten). Ummanteln Sie alles mit weißem Fondant und setzen Sie die Stockwerke aufeinander. Färben Sie den restlichen Fondant in drei unterschiedlichen Rosa-Tönen ein, stechen Sie Herzen aus und kleben Sie diese mit Zuckerkleber an die Seiten der Torte. Stecken Sie die drei getrockneten Herzen auf den Zahnstochern in den Kuchen – und fertig ist Ihr Kunstwerk!

Schmetterlingskekse

Stechen Sie aus dem Keksteig Schmetterlinge aus und backen Sie diese nach Anleitung im Basisrezept. Rollen Sie den Fondant auf einer gefetteten Arbeitsfläche 5 mm stark aus und stechen Sie mit dem gleichen Keksausstecher Fondant-Schmetterlinge aus. Dann kleben Sie die Fondant-Schmetterlinge entweder mit etwas Marmelade Ihrer Wahl oder mit Zuckerkleber auf die warmen oder kalten Schmetterlingskekse.

In Cellophan verpackt mit einem passenden Bändchen sind die Kekse ein wunderschönes Gastgeschenk.

ZUTATEN

Heller Cookie-Teig
(Basisrezept S. 147)
ca. 500 g weißer Rollfondant
10 g   Kokosfett zum Ausrollen
etwas fein passierte Marmelade oder
Zuckerkleber

WERKZEUG

♥   Schmetterlingsausstecher
♥   Rollholz, antistatisch

   ca. 2 Backbleche

Herzkekse

Stechen Sie aus dem Keksteig Herzen aus und backen Sie diese nach Anleitung im Basisrezept. Rollen Sie den Fondant auf einer gefetteten Arbeitsfläche 5 mm stark aus und stechen Sie mit dem gleichen Keksausstecher Fondant-Herzen aus. Dann kleben Sie die Fondant-Herzen entweder mit etwas Marmelade Ihrer Wahl oder mit Zuckerkleber auf die warmen oder kalten Herzkekse. Rühren Sie die Eiweißspritzglasur an und dekorieren Sie die Kekse mit kleinen, zarten Punkten wie auf dem Bild auf der nächsten Doppelseite ersichtlich. Sie können die Eiweißspritzglasur teilen und die Hälfte zart rosa einfärben.

ZUTATEN

Schokokeks-Teig
(Basisrezept S. 149)
Eiweißspritzglasur
(Basisrezept S. 154)
ca. 500 g weißer Rollfondant
10 g   Kokosfett zum Ausrollen
etwas fein passierte Marmelade oder
Zuckerkleber
rote Lebensmittelfarbe

WERKZEUG

♥   Herzausstecher
♥   Rollholz, antistatisch
♥   Papiertüte

TIPPS & TRICKS

Fondant ausrollen
Papiertüte drehen

WISSENSWERTES

Lebensmittelfarbe
Rollfondant
Zuckerkleber

   ca. 2 Backbleche

PREISELBEER-TOPPING

ZUTATEN

500 g   Mascarino
180 g   Quark
60 g   Puderzucker
12 g   Zitronensaft,
          frisch gepresst
ein paar weiße Zuckerperlen

Preiselbeergelee
400 g   Preiselbeeren aus dem Glas
10 g   Pektin

WERKZEUG

♥ Dressiersack
♥ Sterntülle

WISSENSWERTES

Mascarino

Für 12 große oder
48 Mini-Sponges

Für das Gelee erwärmen Sie die Preiselbeeren in einem Topf, rühren das Pektin unter und lassen alles unter ständigem Rühren kochen, bis es „anzieht". Sie erkennen den richtigen Zeitpunkt, indem Sie 1 TL Gelee auf einen Teller tropfen. Rinnt es beim Neigen des Tellers nach 3 Minuten nicht mehr (ähnlich Marmelade), ist das Gelee fertig. Füllen Sie das Gelee in einen Behälter, bedecken Sie die Oberfläche mit Frischhaltefolie (die Folie hat direkten Kontakt zum Gelee) und lassen Sie es auskühlen.

Wenn das Gelee ausgekühlt ist, geben Sie 260 g davon mit den restlichen Zutaten (bis auf die Zuckerperlen) in eine Rührschüssel und mixen alles so lange auf mittlerer Stufe, bis die Mischung fluffig und standfest ist. Den Rest des Gelees stellen Sie für die Deko beiseite. Nun füllen Sie das Preiselbeer-Topping in einen Dressiersack mit großer Sterntülle und dressieren es in kreisenden Bewegungen auf Ihre Sponges.

MANDEL-PREISELBEER-SPONGE

ZUTATEN

Mandelkuchen,
als Sponge gebacken
(Basisrezept S. 141)
4 EL   Preiselbeersirup oder
2 EL   Preiselbeeren

WERKZEUG

♥ Sponge-Backform

Stellen Sie die Masse für den Mandel-Sponge laut Basisrezept her, rühren Sie den Preiselbeersirup oder die Preiselbeeren zum Schluss unter und backen Sie bei 180 °C (Ober- und Unterhitze) 25 bis 30 Minuten.

FRÜCHTEGLÄSER

ZUTATEN

550 g	Mascarino
35 g	Puderzucker
100 g	Schlagsahne

Zesten von 1 unbehandelten Limette

150 g	frische Blaubeeren
210 g	frische Himbeeren
360 g	frische Erdbeeren

Minze zum Dekorieren

WERKZEUG

Dressiersack
Lochtülle

WISSENSWERTES

Gluten
Mascarino

GLUTENFREI

Für die Creme geben Sie alle Zutaten bis auf die Früchte in eine Rührschüssel und mixen so lange, bis die Creme eine gute Standfestigkeit hat. (Wenn Sie rohe Zesten nicht mögen, können Sie auch den Saft einer halben Limette nehmen.) Füllen Sie die Creme in einen Dressiersack mit Lochtülle.

Verteilen Sie die Blaubeeren nun gleichmäßig auf dem Boden der Gläser. Dressieren Sie kleine Creme-Tupfen auf die Blaubeeren. Halbieren Sie die Himbeeren und schichten Sie diese ebenfalls in die Gläser. Darüber dressieren Sie wieder etwas von der Creme. Vierteln Sie die Erdbeeren und verteilen Sie diese auf der Cremeschicht. Den Abschluss bildet wiederum eine Schicht Creme-Tupfen. Kurz vor dem Servieren dekorieren Sie die Gläser mit einem Minzeblatt. Fruchtiger geht's nicht!

Für 12 hübsche Gläser (Durchmesser 5,5 cm, Höhe 8 cm)

Holunderblüten-Trüffeln

Schneiden Sie die weiße Kuvertüre ganz klein und stellen Sie diese in einer Schüssel beiseite. Lassen Sie die Schlagsahne in einem Topf einmal aufkochen und gießen Sie sie über die Kuvertüre. Nun rühren Sie mit dem Schneebesen, bis sich die Kuvertüre gänzlich aufgelöst hat. Bei ca. 35 °C (mit dem Thermometer überprüfen) rühren Sie Butter und Holunderblütensirup ein. Geben Sie die Masse in einen Dressiersack mit kleiner Lochtülle und füllen Sie die Pralinenhohlkörper damit bis ca. 3 mm unter den Rand. Lassen Sie die Pralinen im Kühlschrank ca. 1 Stunde fest werden.

Für den Dekor erwärmen Sie Kuvertüre und Pflanzenfettglasur im Wasserbad. Mit Hilfe einer kleinen Papiertüte verschließen Sie die gefüllten Pralinen mit einem Tupfen der Kuvertüre-Mischung und lassen sie wieder ca. 1 Stunde fest werden.

Danach erwärmen Sie die Kuvertüre-Mischung nochmals vorsichtig über einem Wasserbad. Nun tunken Sie eine Praline nach der anderen mit Hilfe einer Tunkgabel in die Kuvertüre-Mischung und setzen sie auf das vorbereitete Abtropf- oder Glasiergitter (Backpapier darunterlegen!). Die Trüffel-Form entsteht, indem Sie die leicht angezogene Kugel auf dem Gitter hin- und herwälzen. So ergeben sich die schönen Spitzen an der Außenseite.

ZUTATEN

225 g	weiße Kuvertüre
100 g	Schlagsahne
25 g	zimmerwarme Butter
45 g	Holunderblütensirup
50	weiße Pralinenhohlkörper

(Durchmesser 24 mm, Höhe 16 mm)

Dekor

250 g	weiße Kuvertüre
250 g	weiße Pflanzenfettglasur

WERKZEUG

- ♥ Lebensmittelthermometer
- ♥ Dressiersack
- ♥ kleine Lochtülle
- ♥ Papiertüte
- ♥ Tunkgabel
- ♥ Abtropf- oder Glasiergitter

TIPPS & TRICKS

Papiertüte drehen

WISSENSWERTES

Pralinenhohlkörper

Für 50 Stück

VANILLE-BIRNEN-SPONGE

ZUTATEN

Vanillekuchen, als Sponge gebacken
(*Basisrezept S. 145*)
3   halbe Kompottbirnen
50 g   Schokoraspel

WERKZEUG

Sponge-Backform

 12 große oder
48 Mini-Sponges

Rühren Sie die Kuchenmasse laut Basisrezept an und heben Sie zum Schluss den Schokoraspel unter. Schneiden Sie die Kompottbirnen klein würfelig und verteilen Sie diese auf die Backförmchen. Nun gießen Sie den Teig darüber und backen laut Basisrezept.

BIRNEN-TOPPING MIT SCHOKOERDBEEREN

ZUTATEN

Pudding
90 g   Sirup der Kompottbirnen
180 g   Birnensaft
35 g   Maisstärke

Topping
270 g   Birnenpudding
200 g   Kompottbirnen, püriert
450 g   Mascarino
100 g   streichfähiger Quark (20 %)
10 g   Williamsbirnen-Brand
18 g   Puderzucker

Schokoerdbeeren
12   Erdbeeren
100 g   dunkle Pflanzenfettglasur
50 g   weiße Pflanzenfettglasur
etwas frische Minze

WERKZEUG

♥ Dressiersack
♥ Sterntülle
♥ Papiertüte

TIPPS & TRICKS

Papiertüte drehen

Für den Pudding geben Sie den Sirup und 130 g Birnensaft in einen Topf und lassen die Mischung aufkochen. Währenddessen verrühren Sie die Maisstärke in einer Tasse und rühren sie zügig in die heiße Flüssigkeit. Nehmen Sie den Topf gleich vom Herd und rühren Sie noch 30 Sekunden gut weiter, damit nichts anbrennt, oder gießen Sie den Pudding gleich in ein anderes Behältnis um. Decken Sie die Oberfläche des Puddings mit Frischhaltefolie ab (Pudding und Folie haben direkten Kontakt), damit er nicht austrocknet, und lassen Sie ihn auskühlen.

Rühren Sie den Pudding in einer Schüssel glatt, geben Sie die restlichen Zutaten hinein und schlagen Sie alles gut mit dem Mixer auf. Füllen Sie nun das fluffige, standfeste Topping in einen Dressiersack mit Sterntülle, dressieren Sie es auf Ihre Sponges.

Erwärmen Sie die Pflanzenfettglasuren im Wasserbad oder in der Mikrowelle und tauchen Sie die Erdbeeren zu drei Vierteln darin ein. Legen Sie die Früchte zum Trocknen auf Backpapier oder ein Abtropfgitter. Füllen Sie die weiße Pflanzenfettglasur in eine Tüte mit kleinem Loch und zeichnen Sie Linien darauf. Nun lassen Sie die Glasur anziehen und setzen kurz vor dem Servieren die Erdbeeren sowie ein Blatt frische Minze auf die Cupcakes.

Morgenrot-Cake Pops

Backen Sie den Schokokuchen laut Basisrezept. Nun zerkrümeln Sie den Kuchen und verkneten ihn mit der geschmolzenen Kuvertüre und dem Frischkäse zu einer breiigen Masse. Die Masse kommt zugedeckt für ca. 1 Stunde in den Kühlschrank. Anschließend formen Sie daraus 24 gleich große Kugeln (ca. 20 g pro Kugel).

Für den Dekor erwärmen Sie die Schokoglasuren in der Mikrowelle auf minimaler Leistung, bis sie flüssig sind. Achtung, nicht verbrennen! Tunken Sie jedes Stäbchen ca. 5 mm tief in die Glasur und spießen Sie damit Ihre Kugeln auf. Lassen Sie die Kugeln ca. 10 Minuten fest werden und tunken Sie danach die Häfte der Kugeln in die weiße, die andere Hälfte in die rosa Glasur. Zeichnen Sie mithilfe der Tüten, in die Sie die Glasuren füllen, hübsche Linien in der Kontrastfarbe auf Ihre Cake Pops. Binden Sie zum Abschluss noch Seidenbänder um die Stäbchen – fertig ist die Augenweide!

ZUTATEN

Schokokuchen
(Basisrezept S. 142, halbe Menge)

100 g	dunkle Kuvertüre
50 g	stichfester Frischkäse

Dekor

300 g	weiße Schokoglasur
300 g	rosa Schokoglasur
24	Stäbchen

rosa und weiße Seidenbänder

WERKZEUG

♥ 2 Papiertüten

TIPPS & TRICKS

Papiertüte drehen

Für 24 Stück

CHEESECAKE-TÖRTCHEN

ZUTATEN

Boden

55 g	Butter, geschmolzen
75 g	Butterkekse

Füllung

320 g	Frischkäse, zimmerwarm
100 g	Zucker
	Abrieb von ¼ Orange und ½ Zitrone (beide unbehandelt)
6 g	Vanillezucker
1	Prise Salz
15 g	Weizenmehl
1	Bio-Freiland-Ei (Größe L)
2	Eigelb (Größe L)
35 g	Saure Sahne

Dekor

3	mittelgroße Erdbeeren
ca. 100 g	weiße Pflanzenfettglasur
ca. 200 g	dunkle Pflanzenfettglasur

WERKZEUG

- ♥ 3 Backförmchen (ca. 9 cm Durchmesser, 5 cm hoch)
- ♥ Alufolie & Frischhaltefolie
- ♥ Papiertüte

TIPPS & TRICKS

Papiertüte drehen

Für den Boden füllen Sie die Kekse in einen Plastikbeutel und zerdrücken diese oder Sie zerkrümeln sie mit der Hand in einer Rührschüssel. Nun geben Sie die geschmolzene Butter dazu und verkneten die beiden Zutaten. Drücken Sie diese Mischung ca. 5 bis 10 mm hoch fest auf den Boden der Backförmchen.

Für die Füllung rühren Sie den Frischkäse kurz mit dem Mixer glatt, dann geben Sie alle anderen Zutaten dazu und verrühren alles zu einer homogenen Masse. Gießen Sie die Cheesecake-Füllung in die Backförmchen direkt auf den Keksboden. Stellen Sie die Backförmchen auf ein Backblech, gießen Sie ca. 1 bis 2 cm hoch Wasser auf das Blech und backen Sie die Cheesecakes im Wasserbad ca. 30 bis 40 Minuten bei 165 °C im vorgeheizten Ofen. (Wichtig: Die Cheesecakes sollten nach dem Backen noch etwas „wabbelig" sein. Wenn sie zu lange im Ofen bleiben, flocken sie aus.) Lassen Sie die Backförmchen gut auskühlen und lösen Sie die Törtchen ganz vorsichtig heraus. Sollten Sie sich dabei schwer tun, frieren Sie die Törtchen im Tiefkühler an – dann geht es leichter.

Erhitzen Sie die dunkle Pflanzenfettglasur in der Mikrowelle oder im Wasserbad und gießen Sie diese hübsch über die Törtchen. Danach glasieren Sie die Erdbeeren weiß und lassen sie auf einem Abtropfgitter oder einem Backtrennpapier antrocknen. Den Rest der dunklen Pflanzenfettglasur füllen Sie in eine Papiertüte mit einem ganz kleinen Loch und zeichnen damit Linien auf die glasierten Erdbeeren. Kurz anziehen lassen und auf die Törtchen legen – fertig!

Für 3 Törtchen

Baby SHOWER ♥

It's a Boy!

Lavendel-Honigmilch

KARAMELL-POPCORN

WEISSES SCHOKO-VANILLE-TOPPING

WEISSES SCHOKO-KOKOS-TOPPING

Weißes Schoko-Rosmarin-Topping

Schoko-Sponge

SCHOKO-NUSS-SPONGE

DOUBLE-SCHOKO-SPONGE

Schoko-Frucht-Sponge

BLAUBEER-ROSMARIN-ROULADE

Blaue Kokospralinen

MERINGUES

Prinzen-Cake Pops

IT'S A BOY!

〜〜〜〜

ZUTATEN

Schokokuchen
(Basisrezept S. 142,
sechsfache Menge, 3 Bleche)

Vanillecreme
(Basisrezept S. 153)
2½ kg   weißer Rollfondant
20 g   Kokosfett zum Ausrollen
             des Rollfondants

Eiweißspritzglasur
(Basisrezept S. 154)
Zuckerkleber
blaue Lebensmittelfarbe
weißes Seidenband
(ca. 40 cm lang, 2 cm breit)

WERKZEUG

- ♥ 2 runde Cakeboards (ca. 20 cm
  und 12 cm Durchmesser)
- ♥ Rollholz, antistatisch
- ♥ Body-Ausstecher
- ♥ Papiertüte
- ♥ Tortendübel

TIPPS & TRICKS

Fondant ausrollen
Fondant einfärben
Torten eindecken
Stocktorten zusammensetzen
Papiertüte drehen
Schleife modellieren

WISSENSWERTES

Lebensmittelfarbe
Rollfondant
Zuckerkleber

Was gibt es Schöneres, als ein kleines Baby auf dieser Welt willkommen zu heißen. Mit diesem Sweet Table ist es ein wunderschöner Einstand!

Streichen Sie die Kuchenmasse auf gefettete Backbleche und backen Sie laut Anleitung im Basisrezept. Für das untere Stockwerk schneiden Sie aus dem gebackenen Schokokuchen drei Scheiben mit einem Durchmesser von 20 cm aus. Stapeln Sie diese übereinander, immer mit einer 5-mm-Schicht Vanillecreme dazwischen, und setzen Sie die gefüllten Kuchenschichten auf das größere Cakeboard. Verfahren Sie mit dem oberen Stockwerk mit 12 cm Durchmesser genauso. Streichen Sie auch die Seiten der beiden Kuchen dünn mit Vanillecreme ein, schneiden Sie die Tortendübel zurecht, um Sie in das untere Stockwerk zu stecken, und stellen Sie die beiden Stockwerke getrennt in den Kühlschrank (mindestens 1 Stunde).

Färben Sie ca. 2 kg Fondant hellblau ein, ummanteln Sie die Torte damit und setzen Sie die Stockwerke anschließend aufeinander. Nun stechen Sie die Baby-Bodys aus dem hellblauen Fondant aus und die Windel-Rechtecke aus dem ebenfalls ausgerollten weißen Fondant. Kleben Sie beide abwechselnd mit Zuckerkleber in hübschen Halbbögen auf die Torte. Danach verbinden Sie Ihre süße Wäsche mit einer „Wäscheleine" aus Eiweißspritzglasur. Oben drauf setzen Sie noch eine Schleife aus Fondant (wie die gemacht wird, erfahren Sie auf S. 165) und binden das Seidenband um das obere Stockwerk.

 1 Torte

Lavendel-Honigmilch

Nicht nur gesund für werdende Mütter – Lavendel wirkt auf jeden entspannend und beruhigend.

Lassen Sie die Milch mit den Lavendelblüten einmal aufkochen, ziehen Sie den Topf sofort vom Herd, lösen Sie den Honig in der warmen Milch auf und lassen Sie die Milch zugedeckt ca. 1 Stunde ziehen. Danach seihen Sie die Milch ab und füllen sie in hübsche Flaschen. Wer sie warm servieren möchte, wärmt die Milch nochmals kurz auf und füllt sie in Tassen.

ZUTATEN

1 l	Vollmilch
2 TL	Lavendelblüten aus der Apotheke
4 EL	Bienenhonig

Für 1 Liter

KARAMELL-POPCORN

Erhitzen Sie das Öl in einem Topf (mit Deckel) stark und geben Sie den Mais dazu. Legen Sie den Deckel auf und rütteln Sie den Topf ständig auf der Herdplatte, damit die Körner nicht anbrennen. Wenn der Mais aufgepoppt ist, geben Sie diesen gleich in eine feuerfeste Form oder auf ein Backblech und salzen leicht.

Lassen Sie nun den Zucker in einem Topf ganz, ganz langsam karamellisieren (nicht verbrennen!). Geben Sie die Butter dazu, rühren Sie kurz um und gießen Sie das Karamell über die Popcorn. Lassen Sie die Popcorn anschließend bei 170 °C ca. 15 Minuten lang im Ofen bei Ober- und Unterhitze fertig karamellisieren. Herausnehmen, gut durchmischen, auskühlen lassen und genießen!

ZUTATEN

35 g	Pflanzenöl
100 g	Popcorn-Mais
½ TL	Salz
80 g	Zucker
20 g	Butter

Für 1 große Schüssel oder entsprechend kleine Portionen

ZUTATEN

340 g	weiße Kuvertüre
1	Vanilleschote
675 g	Schlagsahne

WERKZEUG

- ♥ Dressiersack
- ♥ Sterntülle

WISSENSWERTES

Barsirup
Rollfondant

Bei einer Baby-Shower-Party gibt es viel zu tun! Deshalb ist es hilfreich, mit einem Grundrezept zu arbeiten und dann verschiedene Abwandlungen davon zu kreieren. Die folgenden Varianten sind sowohl geschmacklich als auch optisch ein Genuss.

♥ WEISSES SCHOKO-VANILLE-TOPPING

Hacken Sie die Kuvertüre ganz fein und geben Sie diese in eine Schüssel. Nun halbieren Sie die Vanilleschote und kratzen das Mark aus. Das Vanillemark wird mit der Schlagsahne in einem Topf erhitzt. Sobald sie aufkocht, gießen Sie sie über die Kuvertüre und rühren so lange mit dem Schneebesen um, bis sich die Kuvertüre aufgelöst hat. Danach mixen Sie die Sahne-Schoko-Mischung 2 bis 3 Minuten mit einem Pürierstab (man nennt das emulgieren). Kühlen Sie die Masse über Nacht und schlagen Sie sie am nächsten Tag mit dem Mixer zu einem flaumigen Topping auf. Achtung, nicht zu lange mixen, sonst flockt es aus!

♥ WEISSES SCHOKO-KOKOS-TOPPING

Ersetzen Sie 100 g Schlagsahne durch die entsprechende Menge Kokos-Barsirup und lassen Sie die Vanilleschote weg. Schon haben Sie einen karibischen Kokos-Geschmack in Ihrem Topping!

♥ WEISSES SCHOKO-ZIMT-TOPPING

Kochen Sie eine Zimtstange mit der Schlagsahne auf. Vor dem Emulgieren nehmen Sie die Zimtstange heraus – nach dem Emulgieren geben Sie die Zimtstange wieder hinein und lassen das Topping (mit Zimtstange) über Nacht im Kühlschrank. Bevor Sie das Topping mit dem Mixer aufschlagen, die Zimtstange wieder entfernen.

♥ WEISSES SCHOKO-ROSMARIN-TOPPING

Kochen Sie einen frischen Rosmarinzweig mit der Schlagsahne auf. Verfahren Sie damit genauso wie mit der Zimtstange beim Weißen Schoko-Zimt-Topping.

Für eine Dekoration wie auf dem Bild auf S. 58 benötigen Sie einen Kinderwagen-Ausstecher, Zuckerperlen, ca. 400 g Fondant, 10 g Kokosfett zum Ausrollen des Fondants sowie Lebensmittelfarbe. Lassen Sie die Fondant-Kinderwagen mindestens 2 bis 3 Tage bei Zimmertemperatur auf einer leicht gefetteten Fläche trocknen. Setzen Sie die Kunstwerke erst kurz vor dem Servieren auf die Cupcakes.

Für 12 große Cupcakes oder 66 Mini-Cupcakes

Schokoladekuchen sind wahre Verwandlungskünstler. Ob mit Nüssen oder kleinen eingebackenen Köstlichkeiten – sie schmecken immer gut.

♥ SCHOKO-SPONGE, VEGAN

Heizen Sie Ihren Backofen auf 180 °C (Ober- und Unterhitze) vor. Vermischen Sie alle trockenen Zutaten so lange, bis keine Klümpchen mehr zu sehen sind. Rühren Sie anschließend die flüssigen Zutaten rasch unter. Füllen Sie die Masse in Sponge-Förmchen backen Sie ca. 25 bis 30 Minuten.

♥ SCHOKO-NUSS-SPONGE, VEGAN

Fügen Sie dem Rezept oben noch 4 EL gehackte Nüsse Ihrer Wahl hinzu. Das können Walnüsse, Macadamia- oder Haselnüsse sein, wobei Letztere den intensivsten Geschmack haben.

♥ DOUBLE-SCHOKO-SPONGE, VEGAN

Ersetzen Sie beim Rezept oben den Zucker durch Rohrzucker und das Wasser durch Hafermilch. Raspeln Sie noch 4 EL Schokosplitter von einem Stück Kuvertüre und heben Sie diese unter den Teig.

♥ SCHOKO-FRUCHT-SPONGE, VEGAN

Eine besonders schmackhafte Variation ergibt das Einbacken von Früchten. Sie können Tiefkühlfrüchte (z.B. Himbeeren oder Blaubeeren), gut abgetropfte Früchte aus dem Glas (z.B. Sauerkirschen oder Kirschen) oder reife frische Früchte nehmen. Einfach 1 bis 2 Früchte auf den Boden des Backförmchens legen und dann den Teig darübergießen.

ZUTATEN

220 g	Weizenmehl (glatt)
40 g	ungesüßtes Kakaopulver
8 g	Backpulver
1	Prise Salz
200 g	Zucker
8 g	Vanillezucker
100 g	neutrales Pflanzenöl
280 g	Wasser
18 g	Essig

WERKZEUG

♥ Sponge-Backform

WISSENSWERTES

Vegan

Für 12 große oder 48 Mini-Sponges

BLAUBEER-ROSMARIN-ROULADE

ZUTATEN

Heller Biskuit

3	Bio-Freiland-Eier (Größe L)
2	Eigelb (Größe L)
75 g	Zucker
½ TL	Vanillezucker
35 g	Weizenmehl (glatt)
35 g	Maisstärke

etwas Zucker zum Auskühlen

Creme

weißes Schoko-Rosmarin-Topping
(*Rezept S. 60*)
ca. 400 g frische Blaubeeren

Bereiten Sie das weiße Schoko-Rosmarin-Topping am Vortag zu.

Heizen Sie Ihren Backofen auf 180 °C (Ober- und Unterhitze) vor. Schlagen Sie Eier und Eigelb gemeinsam mit dem Zucker und dem Vanillezucker mit dem Mixer gut auf. Sieben Sie das Weizenmehl und die Maisstärke zusammen in eine Schüssel. Nun heben Sie die Mehl-Mischung vorsichtig mit der Hand unter die Eier-Mischung, damit nicht zu viel Luft aus der Masse entweicht. Wenn Sie es richtig gemacht haben, dann sollte Ihre Masse nun ausreichen, um ein mit Backpapier ausgelegtes Backblech im Format 38 x 42 cm ca. 1 cm hoch zu bestreichen. Wenn Sie weniger Masse haben, haben Sie zu viel gerührt. Schmeckt trotzdem gut, aber Sie bekommen weniger Rouladen.

Backen Sie die Teigmasse ca. 15 bis 20 Minuten lang. Breiten Sie ein Stück Backpapier auf und bestreuen Sie dieses mit ein wenig Zucker. Ist das Biskuit fertig gebacken, so nehmen Sie es aus dem Ofen und stürzen es sofort zum Auskühlen auf das mit Zucker bestreute Backpapier.

Nun schlagen Sie die Creme auf, streichen sie auf das ausgekühlte Biskuit und streuen einige Blaubeeren darüber. Halbieren Sie das bestrichene Biskuit der Länge nach und rollen Sie beide Hälften von der Längsseite her zu 2 langen Rouladen. Diese sollen nun für 2 Stunden im Kühlschrank ruhen, anschließend werden sie in ca. 8 cm lange Stücke geschnitten. Stellen Sie die Mini-Rouladen auf und dekorieren Sie mit Blaubeeren. Ein hübsches Seidenband um die Mitte gibt dem Ganzen einen romantischen Touch.

Für ca. 8 Mini-Rouladen

BLAUE KOKOSPRALINEN

GLUTENFREI

Schmelzen Sie die Butter bei geringer Hitze in einer beschichteten Pfanne. Geben Sie dann die restlichen Zutaten dazu und erhitzen Sie alles ca. 20 Minuten lang unter ständigem Rühren, bis sich der Zucker aufgelöst hat. Füllen Sie die Mischung in eine flache viereckige Form, drücken Sie die Masse glatt und bedecken Sie diese mit Klarsichtfolie, die Sie mit der Hand glatt streichen. Stellen Sie die Form für ca. 30 Minuten in den Kühlschrank und schneiden Sie die Masse anschließend in kleine, gleich große Stücke. Formen Sie aus jedem Stück eine kleine Kugel (à ca. 20 g).

Sie können die Kokos-Pralinen ca. 14 Tage in einem luftdichten Behälter im Kühlschrank lagern.

ZUTATEN

40 g	Butter
225 g	Kokosraspel
110 g	Zucker
120 g	Vollmilch
160 g	Kondensmilch (Tube)
10 g	Vanillezucker
blaue Lebensmittelfarbe	

WISSENSWERTES

Lebensmittelfarbe
Gluten

MERINGUES

GLUTENFREI

Meringues (*Basisrezept S. 150*) sind ein wunderbarer Blickfang, schmecken gut, sind lange haltbar und somit gut vorzubereiten. Sie können jede beliebige Form auf das Backblech dressieren (je nach Form erhalten Sie eine unterschiedliche Stückzahl). Wir haben eine große Sterntülle verwendet.

Bewahren Sie die Meringues in einem luftdichten Behälter auf, damit keine Feuchtigkeit dazukommt.

Für ca. 30 Stück

PRINZEN-CAKE POPS

ZUTATEN

Schokokuchen
(Basisrezept S. 142, halbe Menge)
100 g	dunkle Kuvertüre
50 g	Frischkäse

Dekor
150 g	Fondant für die Krönchen
10 g	Kokosfett zum Ausrollen des Fondants
	gelbe Lebensmittelfarbe
	Zuckerkleber
700 g	blaue Schokoglasur
24	Stäbchen

WERKZEUG

♥ Rollholz, antistatisch

TIPPS & TRICKS

Fondant einfärben
Fondant ausrollen

WISSENSWERTES

Lebensmittelfarbe
Rollfondant
Zuckerkleber

Bereiten Sie die Krönchen bereits 1 bis 2 Tage vor Fertigstellung der Cake Pops vor: Färben Sie den Fondant gelb ein und rollen Sie ihn auf gut gefettetem Untergrund aus. Kopieren Sie die Krönchen-Skizze unten, schneiden Sie diese aus und legen Sie sie auf den Fondant. Schneiden Sie die Krönchen mit einem Messer sehr exakt aus, kleben Sie diese mit Zuckerkleber zusammen und lassen Sie sie bei Zimmertemperatur trocknen.

Backen Sie den Schokokuchen laut Anleitung und zerkrümeln Sie ihn. Schmelzen Sie die Kuvertüre und verkneten Sie diese mit den Kuchenkrümeln und dem Frischkäse in einer Schüssel mit der Hand zu einer festen Masse. Die Masse kommt zugedeckt für ca. 1 Stunde in den Kühlschrank. Anschließend formen Sie daraus 24 gleich große Kugeln (ca. 20 g pro Kugel).

Für den Dekor erwärmen Sie die blaue Schokoglasur in der Mikrowelle auf minimaler Leistung, bis sie flüssig ist. Achtung, nicht verbrennen! Tunken Sie jedes Stäbchen ca. 5 mm tief in die Glasur und spießen Sie damit Ihre Kugeln auf. Lassen Sie die Kugeln ca. 10 Minuten fest werden und tunken Sie danach jede Kugel in die blaue Glasur. Setzen Sie abschließend die getrockneten Krönchen in die noch weiche Glasur, damit sie kleben bleiben.

Für 24 Stück

♥

Happy

—— *Valentine* ——

♥

Karamell-Topping

CHEESECAKE-TOPPING

VANILLE-BLAUBEER-SPONGE

SCHAUMKÜSSE

Punschherzen

Valentinstorte

ROSEN-CUPCAKES

KARAMELL-TOPPING
~~~~~~~

ZUTATEN

Karamellpudding
250 g Zucker
8 g Vanillezucker
380 g Kokosmilch
55 g Maisstärke
80 g Sojamilch

Topping
Karamellpudding
380 g Pflanzenmargarine,
zimmerwarm

Dekor
100 g Rollfondant
rosa Lebensmittelfarbe
10 g Kokosfett zum Ausrollen
des Rollfondants

WERKZEUG

♥ Rollholz, antistatisch
♥ Herzausstecher
♥ Dressiersack
♥ Sterntülle

TIPPS & TRICKS

Fondant einfärben
Fondant ausrollen

WISSENSWERTES

Rollfondant
Gluten
Vegan

VEGAN

Bereiten Sie die Dekor-Herzen schon 1 bis 3 Tage vor Fertigstellung der Sponges zu: Stechen Sie kleine Herzen aus dem gefärbten Rollfondant aus, lassen Sie diese bei Zimmertemperatur auf einem leicht gefetteten Untergrund 1 bis 3 Tage trocknen und stecken Sie sie kurz vor dem Servieren auf Ihre Cupcakes.

Für den Pudding lassen Sie den Zucker und den Vanillezucker in einem Topf leicht karamellisieren. Löschen Sie nun mit der Kokosmilch ab und rühren Sie unter leichtem Köcheln so lange, bis sich der Karamellzucker gänzlich aufgelöst hat. Dann vermischen Sie die Sojamilch mit der Maisstärke in einer Tasse und gießen die Mischung zu der Karamellmilch. Rühren Sie ganz kurz, bis der Pudding anzieht – nehmen Sie ihn dann sofort vom Herd. Füllen Sie den Pudding gleich in einen kühlen Behälter und bedecken Sie die Puddingoberfläche mit Frischhaltefolie (die Folie soll mit der Puddingoberfläche Kontakt haben). Lassen Sie den Pudding gut auskühlen.

Schlagen Sie nun die zimmerwarme Pflanzenmargarine gut auf und rühren Sie den Pudding ganz, ganz vorsichtig ein. Füllen Sie Ihr Topping in einen Dressiersack mit großer Sterntülle und dressieren Sie es auf Ihre Sponges.
Die Sponge-Empfehlung dazu ist ein veganer, glutenfreier Karotten-Buchweizen-Sponge (*Basisrezept S. 140*).

Für 12 große oder
60 Mini-Sponges

Cheesecake-Topping

ZUTATEN

50 g	Butterkekse
35 g	Butter, geschmolzen
320 g	Frischkäse, zimmerwarm
100 g	Zucker
	Abrieb von ¼ Orange und ½ Zitrone (beide unbehandelt)
6 g	Vanillezucker
1	Prise Salz
15 g	Weizenmehl
1	Bio-Freiland-Ei (Größe L)
2	Eigelb (Größe L)
35 g	Saure Sahne
300 g	Mascarino
50 g	stichfester Frischkäse
130 g	Schlagsahne

Dekor
100 g Rollfondant
rosa Lebensmittelfarbe
10 g Kokosfett zum Ausrollen des Rollfondants

WERKZEUG

♥ Rollholz, antistatisch
♥ kleiner Herzausstecher
♥ Dressiersack
♥ große, fein gezackte Sterntülle

WISSENSWERTES

Mascarino

Füllen Sie die Kekse in einen Plastikbeutel und zerdrücken Sie diese oder zerkrümeln Sie sie mit der Hand in einer Rührschüssel. Nun geben Sie die geschmolzene Butter dazu und verkneten die beiden Zutaten.

Rühren Sie 320 g Frischkäse kurz mit dem Mixer glatt und geben Sie anschließend alle Zutaten bis auf Mascarino, 50 g Frischkäse und die Schlagsahne dazu. Mixen Sie so lange, bis eine schöne, gleichmäßige Masse entsteht.

Krümeln Sie die Butter-Keks-Mischung in die Masse und verrühren Sie alles kurz. Dann füllen Sie die gesamte Masse in eine ausgefettete Kastenform (oder eine Backform Ihrer Wahl) und stellen diese auf ein Backblech. Gießen Sie ca. 1 bis 2 cm hoch Wasser auf das Blech und backen Sie Ihr Topping im Wasserbad 35 bis 40 Minuten im auf 165 °C vorgeheizten Backofen.

Lassen Sie den Cheesecake abkühlen, geben Sie ihn in eine Schüssel, fügen Sie nun den Mascarino, Frischkäse und flüssige Schlagsahne hinzu und mixen Sie so lange, bis ein standfestes Topping entsteht. Für Mini-Cupcakes (wie auf dem Bild S. 73) verwenden Sie zum Aufdressieren eine große, fein gezackte Sterntülle und dressieren einen Tupfen Topping auf den Sponge.

Die Anleitung für die Herzdeko finden Sie beim veganen Karamell-Topping auf S. 72.

Für 12 große Cupcakes
oder 66 Mini-Cupcakes

VANILLE-BLAUBEER-SPONGE

Verrühren Sie die Zutaten für den Vanille-Sponge laut Basis-rezept und geben Sie zum Schluss die Blaubeeren dazu. Füllen Sie den Teig in die Mini-Förmchen und backen Sie die Sponges im vorgeheizten Ofen bei 180 °C Ober- und Unterhitze für ca. 20 Minuten.

ZUTATEN

Vanillekuchen, als Sponge gebacken
(Basisrezept S. 145)
200 g   Blaubeeren (TK)

WERKZEUG

♥ Mini-Sponge-Backform

SCHAUMKÜSSE

Bereiten Sie den Keksteig laut Basisrezept zu, stechen Sie Scheiben mit 5 cm Durchmesser aus und backen Sie diese nach Anleitung.

Kochen Sie 200 g Zucker mit dem Honig und dem Wasser bis zum Kettenflug (= 121 °C). Währenddessen schlagen Sie das Eiweiß mit dem Vanillezucker und den restlichen 50 g Zucker in der Küchenmaschine schaumig. Legen Sie die Gelatineblätter in kaltes Wasser. Wenn der Zucker die richtige Temperatur erreicht hat, nehmen Sie diesen vom Herd. Drücken Sie die Gelatine aus und lösen Sie diese im heißen Zucker auf. Nun rühren Sie das Zucker-Gelatine-Gemisch langsam in die Eiweißmischung und geben anschließend Kardamom und Zimt dazu. Schlagen Sie die Masse in der Küchenmaschine lauwarm bis kalt.

Füllen Sie die Masse rasch in einen Dressiersack mit Rundtülle und machen Sie auf jeden Keks einen kleinen, weißen Tupfen. Tunken Sie die Kekse nun in die Schoko-Glanz-Glasur und lassen Sie diese anziehen. Kurz vor dem Servieren dekorieren Sie mit den Blütenblättern.

ZUTATEN

Schokokekse
(Basisrezept S. 149, halbe Menge)
½ TL	Kardamom
½ TL	Zimt

Gelatine-Meringues
250 g	Zucker
1 TL	Bienenhonig
80 g	Wasser
2–3	Eiweiß (ca. 80 g)
1 TL	Vanillezucker
3 Blatt	Gelatine (ca. 11 x 7 cm)
¼ TL	Kardamom

Dekor
Schoko-Glanz-Glasur
(Basisrezept S. 156)
kleine essbare (unbehandelte)
Rosenblätter

WERKZEUG

- ♥ Lebensmittelthermometer
- ♥ Dressiersack
- ♥ Rundtülle

WISSENSWERTES

Essbare Blüten
Kettenflug

Für ein ¾ Backblech

PUNSCHHERZEN

Bereiten Sie den Teig für den Vanillekuchen laut Basisrezept zu und backen Sie diesen auf einem mit Backpapier ausgelegten Backblech. Schneiden Sie aus Ihrem Vanillekuchen ein Rechteck in der Größe A5 aus (ca. 21 x ca. 15 cm). Drehen Sie das Kuchenstück um, sodass die glatte Seite oben ist (evtl. müssen Sie das Backpapier abziehen), bestreichen Sie diese mit ca. 30 g Aprikosenmarmelade und legen Sie es zur Seite.

Den übrig gebliebenen Vanillekuchen schneiden Sie klein würfelig oder zerkrümeln ihn mit der Hand in einer Schüssel. Geben Sie Rum, die geschmolzene Kuvertüre und ca. 120 g Aprikosenmarmelade dazu und verkneten Sie alle Zutaten zu einer homogenen Masse. Nun kleiden Sie eine rechteckige Form – ebenfalls A5 – mit Frischhaltefolie aus und verteilen die Masse darin. Drücken Sie die Masse mit der Hand gleichmäßig flach in die Form. Bestreichen Sie die Oberfläche mit ca. 40 g Aprikosenmarmelade und setzen Sie Ihr Kuchenrechteck mit der Marmeladeseite nach unten darauf. Darüber breiten Sie eine Lage Backpapier und beschweren das Ganze über Nacht mit einem Buch.
Stechen Sie die weißen Blüten aus ausgerolltem ungefärbtem Fondant aus (Untergrund gut einfetten) und lassen Sie diese bei Zimmertemperatur trocknen.

Am nächsten Tag färben Sie 200 g Fondant rot ein. Rollen Sie den Fondant auf einem gut gefetteten Untergrund aus. Stechen Sie Herzen aus der Kuchenmasse, streichen Sie diese mit Marmelade ein und ummanteln Sie die Herzen mit rotem Fondant. Kleben Sie die Blume mit einem Tupfen Zuckerkleber auf das Herz und dekorieren Sie unten mit dem weißen Seidenband.

Für 6 Stück

Valentinstorte

Backen Sie den Vanillekuchen laut Basisrezept, lassen Sie ihn auskühlen. Verrühren Sie alle Zutaten der Creme-Füllung in einer Schüssel. Schneiden Sie drei ca. 15 cm große Scheiben aus dem Vanillekuchen und füllen Sie die beiden Zwischenräume mit der Mascarino-Himbeer-Creme.

Für die Butter-Dekorcreme schlagen Sie die zimmerwarme Butter ca. 5 Minuten in der Küchenmaschine auf höchster Stufe weiß und fluffig. Danach geben Sie löffelweise Puder- und Vanillezucker dazu. Wenn die Buttercreme zu fest ist, sodass sie sich nicht gut auf der Torte verteilen lässt, dann geben Sie noch etwas Milch dazu. Die fertige Butter-Dekorcreme mit einer Spachtel auf der Torte verteilen. Als Blickfang dekorieren Sie mit unbehandelten Rosen oder mit Früchten nach Belieben.

ZUTATEN

Vanillekuchen
(Basisrezept S. 145, doppelte Menge, 1 Blech)

Creme-Füllung
500 g	Mascarino
100 g	Himbeeren (TK oder frisch), passiert
100 g	Puderzucker

Butter-Dekorcreme
300 g	Butter, zimmerwarm
600 g	Puderzucker
3 TL	Vanillezucker
2 EL	Milch bei Bedarf

TIPPS & TRICKS

Stocktorten zusammensetzen

WISSENSWERTES

Essbare Blüten
Mascarino

Für 1 Torte

ZUTATEN

175 g	Butter
5	Bio-Freiland-Eier (Größe L)
75 g	getrocknete Cranberries, gehackt
300 g	Weizenmehl (glatt)
12 g	Backpulver
1	Prise Salz
16 g	Mohn, gemahlen
175 g	Saure Sahne

Dekor
300 g	Modelliermarzipan
80 g	Aprikosenmarmelade
250 g	weiße Pflanzenfettglasur
200 g	Rollfondant
20 g	Kokosfett zum Ausrollen des Rollfondants

rosa Lebensmittelfarbe
grüne Lebensmittelfarbe
etwas Eiweißspritzglasur für die Blätter (*Basisrezept S. 154*)
9 rote Papierblätter (Größe A4)

WERKZEUG

- ♥ Papiertüte
- ♥ runder Ausstecher (etwas größer als die Öffnungen der Sponge-Backform)
- ♥ Papierstanzer mit Herzen
- ♥ Rollholz, antistatisch

TIPPS & TRICKS

Fondant einfärben
Fondant ausrollen

WISSENSWERTES

Lebensmittelfarbe
Modelliermarzipan
Rollfondant

 6 Stück

Erwärmen Sie die Butter, bis sie flüssig ist, und verquirlen Sie diese mit den Eiern und den Cranberries. Vermischen Sie das Mehl mit dem Backpulver und dann mit den restlichen trockenen Zutaten. Nun mixen Sie das Mehl mit der Eier-Butter-Mischung zu einer homogenen Masse und rühren ganz zum Schluss die Saure Sahne unter. Füllen Sie den Teig bis 1 cm unter den Rand in Ihre Sponge-Form und backen Sie bei 180 °C Ober- und Unterhitze ca. 25 Minuten im vorgeheizten Ofen.

Rollen Sie das Modelliermarzipan ca. 5 mm dick aus und stechen Sie Kreise aus. Streichen Sie Ihre fertigen Sponges mit Marmelade ein und belegen Sie diese mit den Marzipan-Kreisen. (Drücken Sie jeden Sponge vor dem Belegen so in Form, dass eine schöne runde Kuppel entsteht. Wenn ein Sponge uneben ist oder an manchen Stellen Dellen hat, schneiden Sie ihn zuvor mit einem Messer zurecht.) Dann erwärmen Sie die weiße Pflanzenfettglasur und tunken die Sponges mit der Marzipankuppel darin ein.

Nun sind die kleinen Röschen an der Reihe: Färben Sie den Rollfondant rosa ein und rollen Sie ihn auf einem gefetteten Untergrund ca. 3 mm dick aus. Schneiden Sie kleine Streifen im Format von ca. 4,5 x 1 cm aus. Rollen Sie diese zu Rosen zusammen (wie auf dem Bild) und setzen Sie sie auf die Kuppel. Mit einer Papiertüte mit einem kleinen Loch und ein wenig grün gefärbter Eiweißspritzglasur können Sie die Blätter zeichnen.

Die hübschen Manschetten machen Sie, indem Sie Papierstreifen am Rand mit einem Musterstanzer verzieren.

Candy Bar

Weißer Schoko-Crunch
mit Beeren

Müslikonfekt

MINZ-PATTIES

MILCHSCHOKO-MANDEL-FUDGE

WEISSER SCHOKO-OREO-FUDGE

Johannisbeer-Schoko-Trüffeln

SWIRL-MERINGUES

Lemon-Curd-
Marshmallows

WEISSER SCHOKO-CRUNCH MIT BEEREN

ZUTATEN

200 g   weiße Kuvertüre
190 g   Crunch-Mischung (Rice
         Crispies oder Mandel-
         splitter oder eine andere
         crunchy Mischung)
Beeren, gefriergetrocknet, nach
Vorliebe

WISSENSWERTES

Gluten

GLUTENFREI

Schmelzen Sie die weiße Kuvertüre über dem Wasserbad oder in der Mikrowelle (Achtung: nicht zu heiß werden lassen!). Bereiten Sie ein Blatt Backpapier vor, rühren Sie die Crispies mit dem Schneebesen in die geschmolzene Kuvertüre und setzen Sie löffelgroße Häufchen auf das Backpapier. Die Schoko-Crunchies müssen jetzt aushärten (ca. 2 Stunden) und sollten dann im Kühlschrank in einem geschlossenen Behälter gelagert werden.

 ca. 40–45 Stück

Müslikonfekt

VEGAN

Kochen Sie Butter, Honig sowie die Schlagsahne auf, vermischen Sie die restlichen Zutaten in einer separaten Schüssel und rühren Sie diese dann in die Flüssigkeit ein. Fetten Sie die Mini-Muffin-Backform aus und befüllen Sie die kleinen Förmchen bis an den Rand mit der Masse. Backen Sie bei ca. 170 °C (Ober- und Unterhitze) 15 bis 20 Minuten, lassen Sie das Konfekt auskühlen und nehmen Sie es erkaltet aus den Förmchen.

Das Müslikonfekt ist bei Zimmertemperatur ein paar Tage, in einem verschlossenen Behälter im Kühlschrank für ca. 14 Tage haltbar.

ZUTATEN

50 g	Butter
75 g	Honig
100 g	Schlagsahne
150 g	Trockenfrüchte (Aprikosen, Datteln, Feigen, Äpfel etc. nach Geschmack), sehr klein geschnitten
25 g	Rosinen
35 g	Mandeln, gemahlen
35 g	Mandelstifte, gehackt
25 g	Kokosraspel
25 g	Kürbiskerne, gehackt
100 g	Haferflocken

etwas Fett für die Backförmchen

WERKZEUG

- ♥ Mini-Muffin-Backform

 ca. 36 Stück

Minz-Patties

GLUTENFREI

Vermischen Sie in einer Schüssel Öl, Kondensmilch, Agavendicksaft, Vanille und Pfefferminzöl und geben Sie nach und nach den Puderzucker dazu. Verkneten Sie die Masse, bis sie einen homogenen Teig erhalten. Rollen Sie diesen ca. 4 bis 5 mm dick auf einer gefetteten Arbeitsfläche aus und stechen Sie mit dem Keksausstecher Kreise aus. Legen Sie die ausgestochenen Patties auf ein Stück Backpapier und stellen Sie diese für ca. 10 Minuten in den Kühlschrank.

Schmelzen Sie in der Zwischenzeit die Pflanzenfettglasur über dem Wasserbad oder in der Mikrowelle. Sobald die 10 Minuten Kühlzeit vorüber sind, nehmen Sie die Patties aus dem Kühlschrank und tunken sie in die Pflanzenfettglasur. Lassen Sie die Patties auf einem Abtropfgitter oder Backpapier aushärten.

Die Minz-Patties schmecken herrlich frisch und sind bei Zimmertemperatur 2 Wochen, im Kühlschrank in einem gut verschlossenen Behälter einen Monat haltbar.

ZUTATEN

15 g	Rapsöl
35 g	Kondensmilch (Tube)
15 g	Agavendicksaft
2 g	Vanillezucker
3	Tropfen Pfefferminzöl
200 g	Puderzucker, gesiebt
400 g	Pflanzenfettglasur zum Tunken

etwas Fett zum Ausrollen

WERKZEUG

- ♥ runder Ausstecher (Durchmesser 3 cm)
- ♥ Abtropfgitter

 50–55 Stück

MILCHSCHOKO-MANDEL-FUDGE

ZUTATEN

400 g	Milchschokoladen-Kuvertüre
300 g	Kondensmilch
50 g	Butter
50 g	Schoko- oder Cremelikör
200 g	Mandelblättchen

WISSENSWERTES

Gluten

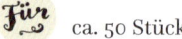 ca. 50 Stück

GLUTENFREI

Schmelzen Sie die Kuvertüre gemeinsam mit Kondensmilch und Butter über einem Wasserbad oder in der Mikrowelle und rühren Sie danach den Likör unter. Kleiden Sie einen flachen, rechteckigen Behälter mit Backpapier aus und gießen Sie die Fudge-Masse hinein. Stellen Sie den Behälter zum Auskühlen ca. 3 Stunden in den Kühlschrank, damit der Fudge fest wird.

Nehmen Sie den Fudge aus dem Kühlschrank, schneiden Sie ihn in ca. 50 gleich große Stücke und formen Sie diese zu Kugeln. Rösten Sie in einer Pfanne sanft die Mandelblättchen und rollen Sie die Fudge-Kugeln darin.

Der Fudge ist in einem gut verschlossenen Behälter ca. 2 Wochen haltbar.

WEISSER SCHOKO-OREO-FUDGE

ZUTATEN

500 g	weiße Kuvertüre
400 g	Kondensmilch (gezuckert, z.B. aus der Tube)
30 g	Butter
100 g	Oreo-Kekse, in kleine Stückchen zerbrochen

Kokosfett zum Einfetten der Pralinenformen

WERKZEUG

- ♥ Silikon-Pralinenförmchen
- ♥ Einweg-Dressiersack

 80 Pralinen

Lösen Sie die Kondensmilch zusammen mit Kuvertüre und Butter über einem Wasserbad auf. Nehmen Sie die Kuvertüre-Mischung vom Wasserbad und rühren Sie die zerkrümelten Oreo-Kekse hinein. Fetten Sie die Silikon-Pralinenformen aus und füllen Sie den flüssigen Fudge in einen Dressiersack. Schneiden Sie unten ein kleines Loch in den Dressiersack und füllen Sie damit die Pralinenförmchen bis zum Rand voll. Lassen Sie den Fudge im Kühlschrank 2 bis 3 Stunden fest werden und drücken Sie ihn anschließend behutsam aus den Förmchen.

Wenn Sie keine Pralinenformen haben, können Sie den Fudge auch auf ein Blech aufstreichen und nach dem Auskühlen in kleine Stücke schneiden.

JOHANNISBEER-SCHOKO-TRÜFFELN

GLUTENFREI

Schneiden Sie die Kuvertüre in ganz kleine Stückchen und geben Sie diese in eine Rührschüssel. Kochen Sie Schlagsahne und Fruchtsaft auf und gießen Sie die heiße Flüssigkeit über die Kuvertüre. Rühren Sie langsam mit dem Schneebesen, die Kuvertüre löst sich dadurch auf. Wenn das Gemisch ca. 35°C hat, geben Sie die Butter dazu und lösen diese durch Umrühren auf. Lassen Sie die Mischung 15 Minuten im Kühlschrank abkühlen, nehmen Sie sie danach heraus, um nochmals mit dem Schneebesen alles gut durchzurühren. Anschließend kommt die Mischung wieder für 15 Minuten in den Kühlschrank. Die Masse sollte danach sehr zähflüssig sein. Ist sie noch zu dünn, lassen Sie sie einfach etwas länger im Kühlschrank stehen.

Füllen Sie die Masse in einen Einweg-Dressiersack, in den Sie unten ein kleines Loch schneiden. Dressieren Sie kleine Häufchen auf ein mit Backpapier belegtes Blech (oder einen mit Backpapier ausgelegten flachen Behälter). Lassen Sie die Häufchen für ca. 1 Stunde im Kühlschrank fest werden. Anschließend formen Sie die Häufchen zu Kugeln (sie können auch unregelmäßig gerollt sein) und stellen diese für weitere 15 Minuten in den Kühlschrank.

Währenddessen schmelzen Sie die Kuvertüre zum Tunken über dem Wasserbad oder in der Mikrowelle (Achtung: die Kuvertüre darf auf keinen Fall zu heiß werden, also sehr sanft schmelzen!), verdünnen diese mit Kokosfett (falls die Kuvertüre zu fest ist) und tunken die Kugeln in die Mischung ein. Lassen Sie die Kugeln gleich abtropfen und wälzen Sie diese im Pulver Ihrer Wahl. Auf dem Foto sehen Sie die in Puderzucker gewälzten Trüffeln im Glas ganz hinten, die in Kakao gewälzten Trüffeln vorne rechts und die in Johannisbeerpulver gewälzten links. Bei sehr hoher Luftfeuchtigkeit ist es ratsam, etwas Maisstärke in den Puderzucker zu mischen, weil er sonst zu schnell einzieht und „unsichtbar" wird.

Die Trüffeln können Sie bei Zimmertemperatur (bis 22°C) einige Tage lagern.

ZUTATEN

500 g	hochwertige Kuvertüre (Kakaoanteil nach Geschmack)
150 g	Schlagsahne
150 g	Schwarzer Johannisbeersaft (100%iger Fruchtsaft)
130 g mind.	zimmerwarme Butter
450 g	dunkle Kuvertüre zum Tunken
25–50 g	Kokosfett

ungesüßtes Kakaopulver oder Puderzucker oder getrocknetes Johannisbeerpulver zum Wälzen

WERKZEUG

- ♥ Einweg-Dressiersack
- ♥ Lebensmittelthermometer

WISSENSWERTES

Gluten

 50–60 Stück

SWIRL-MERINGUES

ZUTATEN

3	Eiweiß (Bio-Freiland-Eier, Größe L)
105 g	Zucker
105 g	Puderzucker

WISSENSWERTES

Lebensmittelfarbe
Gluten

GLUTENFREI

Heizen Sie den Backofen auf 80 °C vor. Schlagen Sie das Eiweiß mit dem Zucker cremig-steif und heben Sie dann den Puderzucker mit einem Kochlöffel sehr, sehr vorsichtig unter.

Nun können Sie Ihre Meringues aromatisieren und färben: Wenn Sie dasselbe Muster haben möchten wie auf dem Foto, dann heben Sie Ihre Aromen mit nur 2 bis 3 Rührbewegungen unter. Wenn Sie stärker rühren, sieht man das Muster nicht mehr so gut. Danach legen Sie die Meringues „kleksweise" auf ein mit Backpapier ausgelegtes Backblech und backen 4 bis 5 Stunden bei „offenem Zug". Dafür klemmen Sie einen Kochlöffel aus Holz in die Backofentür, sodass sie einen Spalt offen bleibt.

♥ ZITRONEN-SWIRLS
10 g Zitronenzesten aus der Packung
7 g Wasser
evtl. gelbe Lebensmittelfarbe

Verrühren Sie die Zutaten in einer Tasse und rühren Sie sie wie beschrieben in die Meringue-Basismasse ein.

♥ HIMBEER-SWIRLS
25 g Himbeerpüree
evtl. rote Lebensmittelfarbe

Verrühren Sie die Zutaten in einer Tasse und rühren Sie sie wie beschrieben in die Meringue-Basismasse ein.

♥ SCHOKO-SWIRLS
70 g Kuvertüre (70% Kakaoanteil)

Schmelzen Sie die Kuvertüre vorsichtig im Wasserbad oder in der Mikrowelle und heben Sie diese ebenso vorsichtig mit nur ein paar Rührbewegungen unter die Meringue-Basismasse.

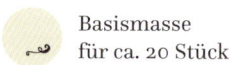

Basismasse
für ca. 20 Stück

Lemon-Curd-Marshmallows

GLUTENFREI

Für das Curd erhitzen Sie in einer Pfanne alle Zutaten bis auf die Eier. Gleichzeitig verquirlen Sie über einem Wasserbad die Eier und gießen dann langsam die heiße Butter-Zesten-Mischung dazu. Diese Masse wird nun so lange permanent gerührt, bis sie eindickt (Achtung: sie darf dabei nicht zu heiß werden!). Danach nehmen Sie das Curd vom Wasserbad und lassen es auskühlen. Stellen Sie 3 EL davon zur Seite.

Stellen Sie die Marshmallow-Masse laut Basisrezept her. Wenn die Masse fertig ist (= lauwarm), geben Sie ca. ein Drittel davon in eine separate Schüssel, fügen das Curd (bis auf die 3 EL) hinzu und verrühren gut. Danach gießen Sie die Mischung zur restlichen Marshmallow-Masse, rühren aber nur zweimal um, damit die Marmorierung erhalten bleibt. Nun füllen Sie die Masse in eine geölte Form (ca. 25 x 35 cm), streichen die Oberfläche glatt und träufeln das übrige Curd oben drauf. Wenn Sie möchten, können Sie das Curd noch mit einer Gabel zu hübschen Mustern ziehen. Die Masse muss mindestens 3 Stunden lang im Kühlschrank ruhen.

Sieben Sie nun den Puderzucker und die Maisstärke gemeinsam auf ein Brett oder in eine flache Schüssel, ein wenig davon auch auf die Oberfläche der Marshmallow-Masse. Dann tauchen Sie den Herzausstecher in heißes Wasser und stechen Herzen aus der Masse. Die Herzen müssen sofort auf die Puderzucker-Stärke-Mischung gestellt werden.

Die Lemon-Curd-Marshmallows sind in einem gut verschlossenen Behälter ca. 5 Tage im Kühlschrank haltbar.

ZUTATEN

Marshmallow-Masse
(Basisrezept S. 155)

Lemon-Curd
60 g   Butter
Zesten von 1 Limette
Zesten von 1 Zitrone
60 g   Zitronensaft,
        frisch gepresst
115 g   Zucker
2   Bio-Freilandeier (Größe L)

Zum Wälzen
30 g Puderzucker
30 g Maisstärke

WERKZEUG

♥ Herzausstecher
  (ca. 7 cm Durchmesser)

WISSENSWERTES

Curd
Gluten

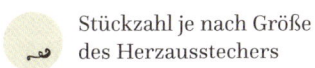

Stückzahl je nach Größe
des Herzausstechers

Süße

— WEIHNACHT —

White Christmas

VANILLE-CUPCAKES

WINTERLICHES SAUERKIRSCH-GELEE MIT CRÈME-FRAÎCHE-TOPPING

Mandel-Zimt-Keksbäumchen

COCONUT KISS

SCHOKO-ZIMT-CAKE POPS

Marshmallow Lollies

ZUTATEN

Vanillekuchen
*(Basisrezept S. 145,
sechsfache Menge, 3 Bleche)*

Vanillekipferl-Topping
(Basisrezept S. 152)
2½ kg   weißer Rollfondant
20 g   Kokosfett zum Ausrollen
        des Rollfondants
Zuckerkleber
Eiweißspritzglasur
(Basisrezept S. 154)
weiße Zuckerperlen
etwas essbares Silber-Farbpulver

WERKZEUGE

- ♥ 2 Cakeboards
  (21 x 21 cm, 13 x 13 cm)
- ♥ Rollholz, antistatisch
- ♥ Pinsel
- ♥ Prägematte
- ♥ 2 runde Ausstecher
  (8 cm, 3 cm)
- ♥ Papiertüte
- ♥ Tortendübel

TIPPS & TRICKS

Fondant ausrollen
Torten eindecken
Stocktorten zusammensetzen
Papiertüte drehen

WISSENSWERTES

Rollfondant
Zuckerkleber

 1 Torte

WHITE CHRISTMAS

Für alle, die schon immer von einem riesengroßen Vanillekipferl geträumt haben: Hier schmeckt eine ganze Torte danach!

Streichen Sie die Kuchenmasse auf ein gefettetes Backblech und backen Sie laut Anleitung im Basisrezept. Für das untere Stockwerk der Torte schneiden Sie aus dem gebackenen Vanillekuchen drei Quadrate im Format 21 x 21 cm aus. Stapeln Sie diese übereinander, immer mit einer 5-mm-Schicht Vanillekipferl-Topping dazwischen, und setzen Sie die gefüllten Kuchenschichten auf das große Cakeboard. Verfahren Sie mit dem oberen Stockwerk in der Größe von 13 x 13 cm genauso. Streichen Sie auch die Seiten der beiden Kuchen dünn mit Vanillekipferl-Topping ein. Schneiden Sie die Tortendübel zurecht, um sie in das untere Stockwerk zu stecken, und stellen Sie die beiden Stockwerke getrennt in den Kühlschrank (mindestens 1 Stunde), wenn Sie die Möglichkeit dazu haben, sogar kurz in den Tiefkühler (ca. 30 Minuten). Zerkrümeln Sie die übrig gebliebenen Kuchenreste und formen Sie diese mit 2 EL Vanillekipferl-Topping zu 4 unterschiedlich großen Kuchenkugeln. Lassen Sie die Kugeln 1 Stunde im Kühlschrank fest werden oder ebenfalls kurz anfrieren (ca. 20 Minuten). Rollen Sie den Fondant aus, ummanteln Sie alles (auch die Kugeln) und setzen Sie die Stockwerke aufeinander. Die vier Kugeln kommen oben drauf.

Aus dem restlichen Fondant prägen Sie mit einer Prägematte Ihrer Wahl hübsche Muster. Stechen Sie 8 cm und 3 cm große Scheiben aus und kleben Sie diese mit Zuckerkleber an die Seiten der Torte. Das sind stilisierte Weihnachtskugeln, die rundum auf der Torte „hängen". Zeichnen Sie die „Bänder" mit Eiweißspritzglasur und kleben Sie hübsche Perlen darauf. Veredeln Sie die Kugeln ganz oben nach Lust und Laune mit ein paar Tupfen Silber-Farbpulver – die Bewunderung Ihrer Gäste wird kein Ende nehmen!

Vanille-Cupcakes

Stechen Sie die Fondant-Sterne ein paar Tage vor Fertigstellung der Cupcakes auf einer mit Kokosfett bestrichenen Arbeitsfläche aus dem ausgerollten Fondant aus und lassen Sie sie bei Zimmertemperatur trocknen.

Einen Tag vor Fertigstellung der Cupcakes backen Sie den Vanille-Sponge. Am nächsten Tag dressieren Sie das Vanille-Topping auf die Sponges und legen die getrockneten Weihnachtssterne kurz vor dem Servieren oben drauf – voilá!

ZUTATEN

Vanillekuchen, als Sponge gebacken
(Basisrezept S. 145)

Vanille-Topping
(Basisrezept S. 153)
je 100 g   weißer und roter Fondant
10 g   Kokosfett zum Ausrollen
          des Fondants

WERKZEUG

- ♥ Dressiersack
- ♥ Sterntülle
- ♥ Sponge-Backform
- ♥ Stern-Ausstecher

WISSENSWERTES

Rollfondant

Für 12 große
oder 48 Mini-Cupcakes

WINTERLICHES SAUERKIRSCH-GELEE MIT CRÈME-FRAÎCHE-TOPPING

~~~~~~~

ZUTATEN

Sauerkirsch-Gelee

1 Glas	Sauerkirschen samt Saft (680 g Inhalt)
100 g	Zucker
250 g	Portwein
150 g	Sauerkirsch-Dicksaft
50 g	Wasser
1	Zimtstange
½	Vanilleschote
4	Gewürznelken
1	Sternanis
10	Blatt Gelatine (ca. 11 x 7 cm)

Weiße Joghurt-Trennschicht

4	Blatt Gelatine (ca. 11 x 7 cm)
60 g	Schlagsahne
200 g	cremiger Joghurt (3,6 % Fett)

Crème-fraîche-Topping

170 g	Crème fraîche
20 g	Puderzucker
1 EL	Zitronensaft
1 TL	Vanillezucker
170 g	Schlagsahne
1 Pkg.	Sahnesteif

Dekor
Mandel-Zimt-Sterne
(Basisrezept S. 148)

WERKZEUG

- ♥ Dressiersack
- ♥ Sterntülle

Backen Sie die Mandel-Zimt-Sterne für den Dekor laut Basisrezept.

Für das Sauerkirsch-Gelee seihen Sie die Sauerkirschen ab und fangen den Saft in einem Gefäß auf. Legen Sie in jedes Glas 4 Sauerkirschen, stellen Sie den Rest der Früchte beiseite. Nun lassen Sie den Zucker in einem Topf leicht karamellisieren und löschen mit Portwein, dem Saft der Sauerkirschen, dem Sauerkirsch-Dicksaft sowie Wasser ab. Geben Sie die Gewürze dazu und lassen Sie alles auf mittlerer Hitze 5 Minuten leicht köcheln. Währenddessen legen Sie die Gelatineblätter in ein Gefäß und bedecken sie mit kaltem Wasser. Nach 5 Minuten nehmen Sie die Gewürze aus der Portwein-Sauerkirschsaft-Mischung. Drücken Sie die eingeweichte Gelatine mit der Hand aus und lösen Sie diese in der Portwein-Sauerkirschsaft-Mischung auf. Bedecken Sie die Sauerkirschen in den Gläsern damit und stellen Sie diese ca. 1 Stunde in den Kühlschrank. Das übrig gebliebene Gelee stellen Sie im zugedeckten Topf bei Zimmertemperatur beiseite.

Für die Joghurt-Trennschicht weichen Sie die Gelatine in kaltem Wasser ein. Erwärmen Sie die Schlagsahne in einem Topf leicht und lösen Sie die ausgedrückte Gelatine darin auf. Nehmen Sie die Mischung vom Herd und rühren Sie den Joghurt unter. Gießen Sie die Joghurt-Masse ca. 1 cm hoch auf das kalte Sauerkirsch-Gelee. Lassen Sie nun alles ca. 30 Minuten im Kühlschrank fest werden.

Sobald die Joghurt-Schicht erkaltet und fest ist, teilen Sie die restlichen Sauerkirschen auf die Gläser auf und bedecken sie mit dem zur Seite gestellten Portwein-Sauerkirschsaft-Gelee. Wieder in den Kühlschrank damit und fest werden lassen.

Für das Crème-fraîche-Topping mixen Sie alle Zutaten zusammen in einer Rührschüssel kurz auf (niedrige Rührstufe). Geben Sie 1 Packung Sahnesteif dazu und mixen Sie so lange weiter, bis eine standfeste Creme entsteht. Diese füllen Sie in einen Dressiersack mit großer Sterntülle und dekorieren damit das Gelee im Glas. Einen Mandel-Zimt-Stern als Dekoration hineinstecken – fertig!

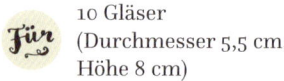 *Für*
10 Gläser
(Durchmesser 5,5 cm, Höhe 8 cm)

ZUTATEN

Mandel-Zimt-Sterne
(Basisrezept S. 148)

Dekor
500 g   Fondant
Zuckerkleber oder etwas Marmelade
etwas essbares Silber-Farbpulver

WERKZEUG

- ♥ Rollholz, antistatisch
- ♥ Sternausstecher in
  verschiedenen Größen

TIPPS & TRICKS

Fondant ausrollen

WISSENSWERTES

Rollfondant
Zuckerkleber

Mandel-Zimt-Keksbäumchen

Bereiten Sie den Keksteig laut Basisrezept zu, stechen Sie Sterne in unterschiedlichen Größen aus, ebenso aus dem ausgerollten Fondant. Backen Sie die Kekse, kleben Sie die Fondant-Sterne mit Zuckerkleber oder etwas Marmelade auf die gebackenen Kekse und schichten Sie diese zu kleinen Bäumchen übereinander. Bepinseln Sie den obersten Stern mit etwas essbarem Silber-Farbpulver.

COCONUT KISS
(RAW BAKERY)

GLUTENFREI, VEGAN

Raw Food ist ein neuer Küchentrend: Nichts wird über 42 °C erhitzt, damit alle Vitamine, Enzyme und Nährstoffe erhalten bleiben. Stattdessen wird gemixt, zerkleinert, mariniert, eingeweicht und gedörrt. Solange ein Trend so gut schmeckt, ist er uns herzlich willkommen!

Und so geht's: Erwärmen Sie das Kokosfett, bis es flüssig ist. Danach mixen Sie alle Zutaten im Standmixer, bis eine homogene Masse entsteht. Formen Sie daraus gleich große Kugeln und wälzen Sie diese in Kokosraspel. Das ist alles!

Tipp: Wenn Sie Kokosfett selbst herstellen möchten, dann geben Sie ca. 200 g Kokosraspel in den Standmixer und mixen so lange, bis das Fett austritt und eine flüssige, cremige Masse entsteht. Der Raspel löst sich gänzlich auf. Sie können selbst hergestelltes Kokosfett gut verschlossen einige Wochen im Kühlschrank aufbewahren. So haben Sie auch immer gleich etwas auf Vorrat.

ZUTATEN

70 g	festes Kokosfett
160 g	Kokosraspel
70 g	Mandeln, geschält
60 g	Agavendicksaft
40 g	Ananassaft

Schale und Saft von 1 Bio-Zitrone
extra Kokosraspel zum Wälzen

WERKZEUG

- ♥ starker Standmixer oder Blender

WISSENSWERTES

Gluten
Vegan

 ca. 22 Kugeln

SCHOKO-ZIMT-CAKE POPS

Ein paar Tage vor Fertigstellung der Cake Pops stechen Sie die Fondant-Sterne auf einer mit Kokosfett bestrichenen Arbeitsfläche aus dem ausgerollten Fondant aus und lassen sie bei Zimmertemperatur trocknen.

Backen Sie die Kuchenmasse laut Basisrezept zerkrümeln Sie diese. Schmelzen Sie die Kuvertüre und verkneten Sie diese mit den Kuchenkrümeln und dem Frischkäse in einer Schüssel mit der Hand zu einer festen Masse. Die Masse kommt zugedeckt für ca. 1 Stunde in den Kühlschrank. Anschließend formen Sie daraus 24 gleich große Kugeln (ca. 20 g pro Kugel).

Für den Dekor erwärmen Sie die Schokoglasur in der Mikrowelle auf minimaler Leistung, bis sie flüssig ist. Achtung, nicht verbrennen! Tunken Sie jedes Stäbchen ca. 5 mm tief in die Schokolade und spießen Sie damit Ihre Kugeln auf. Lassen Sie die Kugeln ca. 10 Minuten fest werden und tunken Sie danach jede Kugel in die Glasur. Kleben Sie die getrockneten Fondant-Sterne darauf, solange die Glasur noch feucht ist. Mit Zuckerkleber noch eine Silberperle darauf drapieren – fertig.

Für   ca. 24 Stück

MARSHMALLOW LOLLIES

GLUTENFREI

Stellen Sie die Marshmallow-Masse laut Basisrezept her und färben Sie die Hälfte der Masse mit roter Lebensmittelfarbe ein. Nun füllen Sie die weiße und die rote Marshmallow-Masse zusammen in einen Dressiersack mit Rundtülle und dressieren damit Kreise auf ein gut eingeöltes Backblech oder auf gut eingefettetes Backpapier. Stecken Sie die Strohhalme rasch hinein und lassen Sie die Lollies 2 Tage bei Raumtemperatur trocknen.

ZUTATEN

Marshmallow-Masse
(*Basisrezept S. 155*)
rote Lebensmittelfarbe
Pflanzenöl zum Einfetten des Backblechs
dicke Strohhalme

WERKZEUG

♥ Dressiersack
♥ Rundtülle

WISSENSWERTES

Lebensmittelfarbe
Gluten

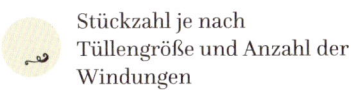 Stückzahl je nach Tüllengröße und Anzahl der Windungen

Kids'
PARTY

Zauberbaum-Torte

BALLON-CAKE POPS

SCHOKOFRÜCHTE

Haselnuss-Schoko-Topping

Kunterbunter
Wackelpudding

CUPCAKE-KEKSE AM STIEL

MARSHMALLOWS IM BECHER

SÜSSE RAUPE NIMMERSATT

Buntes süß-salziges Popcorn

ZAUBERBAUM-TORTE

ZUTATEN

Marshmallow-Lollies
(Rezept S. 117)

Schokokuchen
*(Basisrezept S. 142,
sechsfache Menge, 3 Bleche)*

Vanillecreme
(Basisrezept S. 153)
2 kg   weißer Rollfondant
20 g   Kokosfett zum Ausrollen
des Rollfondants
Zuckerkleber
rosa & blaue Smarties
essbare Gummischnüre (rot und
grün) und rote Deko-Zuckerl

WERKZEUG

- ♥ 2 Cakeboards
  (21 x 21 cm, 13 x 13 cm)
- ♥ Rollholz, antistatisch
- ♥ Pinsel
- ♥ Tortendübel

TIPPS & TRICKS

Fondant ausrollen
Torten eindecken
Stocktorten zusammensetzen

WISSENSWERTES

Rollfondant
Zuckerkleber

Für 1 Torte

Bereiten Sie die Marshmallow-Lollies laut Rezept (aber mit gelber und blauer Lebensmittelfarbe) bereits 3 Tage vor der Torte zu und lassen Sie sie offen bei Raumtemperatur auf einem gefetteten Untergrund trocknen.

Bereiten Sie die Schokokuchen-Masse laut Basisrezept zu, streichen Sie diese auf gefettete Backbleche und backen Sie laut Anleitung. Bereiten Sie auch die Vanillecreme laut Basisrezept zu.
Für das untere Stockwerk der Torte schneiden Sie aus dem gebackenen Schokokuchen drei Quadrate im Format 21 x 21 cm aus. Stapeln Sie diese übereinander, immer mit einer 5-mm-Schicht Vanillecreme dazwischen, und setzen Sie die gefüllten Kuchenschichten auf das große Cakeboard. Verfahren Sie mit dem oberen Stockwerk in der Größe von 13 x 13 cm genauso. Streichen Sie auch die Seiten der beiden Kuchen dünn mit Creme ein. Schneiden Sie die Tortendübel zurecht, um sie in das untere Stockwerk zu stecken, und stellen Sie die beiden Stockwerke getrennt in den Kühlschrank (mindestens 1 Stunde), wenn Sie die Möglichkeit dazu haben, sogar kurz in den Tiefkühler (ca. 30 Minuten).

Rollen Sie den Fondant aus, ummanteln Sie beide Tortenstockwerke und setzen Sie diese nun zusammen. Befestigen Sie die Smarties mit Zuckerkleber an den unteren Rändern der Stockwerke. Drehen Sie die grünen Gummischnüre zu kleinen Schnecken und kleben Sie diese als „Bäume" an das obere Stockwerk, in die Mitte kommt je 1 Deko-Zuckerl. Dann kleben Sie die roten Gummischnüre als „Stämme" darunter. Stecken Sie die Marshmallow-Lollies oben in die Torte, verzieren Sie das untere Tortenstockwerk noch mit 2 Schnüren und schon kann die Kinderparty losgehen!

LUFTBALLON-CAKE POPS

Backen Sie den Schokokuchen laut Anleitung und zerkrümeln Sie ihn. Schmelzen Sie die Kuvertüre und verkneten Sie diese mit den Kuchenkrümeln und dem Frischkäse in einer Schüssel mit der Hand zu einer festen Masse. Die Masse kommt zugedeckt für ca. 1 Stunde in den Kühlschrank. Anschließend formen Sie daraus 24 gleich große Kugeln (ca. 20 g pro Kugel).

Schmelzen Sie die verschiedenfärbigen Pflanzenfettglasuren über einem Wasserbad. Tunken Sie jeden Stiel in die jeweilige Glasur und spießen Sie damit Ihre Kugeln auf. Lassen Sie die Kugeln ca. 10 Minuten fest werden, tunken Sie danach jede Kugel in die Glasur und verzieren Sie diese gleich mit Streusel nach Wahl.

ZUTATEN

Schokokuchen
(Basisrezept S. 142, halbe Menge)
100 g   dunkle Kuvertüre
50 g   Frischkäse

Dekor
Candymelt-Pflanzenfettglasur in verschiedenen Farben (insgesamt 250 g)
bunter Streusel zum Verzieren
Cake Pop-Stiele

 24 Stück

— 125 —

Schokofrüchte

ZUTATEN

500 g	Erdbeeren
70 g	weiße Pflanzenfettglasur
70 g	dunkle Pflanzenfettglasur
1	reife Ananas
1	Honig- oder Zuckermelone

WERKZEUG

Zahnstocher und kleine Holzspieße
Ausstecher in beliebiger Form
Papiertüte

TIPPS & TRICKS

Papiertüte drehen
Gluten

GLUTENFREI

Tunken Sie die Erdbeeren in der flüssigen Glasur, füllen Sie die flüssige, farblich kontrastierende Glasur in eine Tüte und malen Sie hübsche Linien auf Ihre Erdbeeren. Lassen Sie die Früchte auf einem Abtropfgitter oder Backpapier 20 Minuten trocknen. Schneiden Sie anschließend Ananas und Melone in ca. 1 cm dicke Scheiben und stechen Sie die gewünschten Formen aus.

Bereiten Sie ein dekoratives Gefäß vor, legen Sie ein Stück trockenen Blumen-Steckschwamm oder Styropor hinein, bedecken Sie die Oberfläche mit Dekorsand, Zucker oder Kokosflocken. Spießen Sie Ihre Früchte auf und stecken Sie diese zu einem hübschen „Früchtestrauß" zusammen. Das übrig gebliebene Obst können Sie in Stückchen geschnitten als Obstsalat in kleinen Gläsern anbieten.

Zwischen den Früchten auf dem Bild haben sich auch zwei Marshmallow Lollies in Herzform versteckt. Wie man sie macht, erfahren Sie auf S. 117.

HASELNUSS-SCHOKO-TOPPING

Schneiden Sie die Milchkuvertüre in ganz kleine Stückchen und geben Sie diese in eine Schüssel. Dann erhitzen Sie die Schlagsahne in einem Topf. Sobald sie aufkocht, gießen Sie sie über die Kuvertüre. Durch langsames Rühren lösen Sie die Kuvertüre gänzlich in der heißen Schlagsahne auf. Stellen Sie die Milchganache für 1 Stunde in den Kühlschrank.

Wenn die Milchganache ausgekühlt ist, geben Sie Haselnusscreme und Mascarino dazu, mixen gut auf, füllen Ihr Topping in einen Dressiersack mit großer Sterntülle und dressieren es auf Ihre Sponges.

Besonders gut schmeckt das Topping auf Bananen-Sponge *(siehe Basisrezept S. 139)*.

ZUTATEN

Milchganache
100 g Schlagsahne
200 g Milchkuvertüre

Topping
260 g Milchganache
260 g Haselnusscreme (etwa Nutella)
450 g Mascarino

Dekor
Mini-Marshmallows
(Basisrezpet S. 155) oder
Karamell-Popcorn (siehe S. 57)

WERKZEUG

Dressiersack
Sterntülle

WISSENSWERTES

Mascarino

Für 12 Cupcakes

Kunterbunter Wackelpudding

GLUTENFREI

Die einzelnen Schichten entstehen durch Flüssigkeiten in unterschiedlichen Farben, die übereinander in Förmchen gegossen werden. Jede Flüssigkeitsschicht muss im Kühlschrank für ca. 1 Stunde erstarren, bevor die nächste daraufgegossen werden kann.

Beginnen Sie mit der Herstellung von Läuterzucker: Kochen Sie Wasser und Zucker auf, lassen Sie die Mischung 30 Sekunden kochen und stellen Sie sie beiseite.

Rote Wackelpudding-Schicht: Weichen Sie die Gelatineblätter 5 Minuten in kaltem Wasser ein. Gießen Sie den Erdbeerdicksaft in einen Topf und geben Sie die gut ausgedrückte Gelatine dazu. Lösen Sie diese im Erdbeerdicksaft langsam unter ständigem Rühren bei sanfter Hitze auf. Gießen Sie die Mischung ca. 5 mm hoch in Ihre Förmchen und stellen Sie diese für 1 Stunde in den Kühlschrank.

Gelbe Wackelpudding-Schicht: Weichen Sie die Gelatineblätter 5 Minuten in kaltem Wasser ein. Erwärmen Sie den Ananassaft, 50 g Läuterzucker und ein wenig gelbe Lebensmittelfarbe mit der ausgedrückten Gelatine bei sanfter Hitze. Wenn sich die Gelatine zur Gänze aufgelöst hat, gießen Sie die Flüssigkeit direkt auf Ihre erstarrte rote Schicht. Jetzt heißt es wieder für 1 Stunde ab in den Kühlschrank.

Grüne Wackelpudding-Schicht: Gehen Sie wie bei der roten Schicht vor, aber geben Sie ein wenig grüne Lebensmittelfarbe dazu.

Weiße Wackelpudding-Schicht: Lösen Sie die eingeweichte und ausgedrückte Gelatine in einem Topf mit Joghurt, Schlagsahne und 50 g Läuterzucker durch sanftes Erwärmen auf und gießen Sie die Mischung zuoberst in die Förmchen.

Je nach Silikonform kann das Herauslösen des Wackelpuddings sehr schwierig sein. In diesem Fall frieren Sie den Pudding für 1 Stunde ein, tauchen die Förmchen anschließend kurz in heißes Wasser und drücken den Wackelpudding heraus. So bleibt alles hübsch in Form!

ZUTATEN

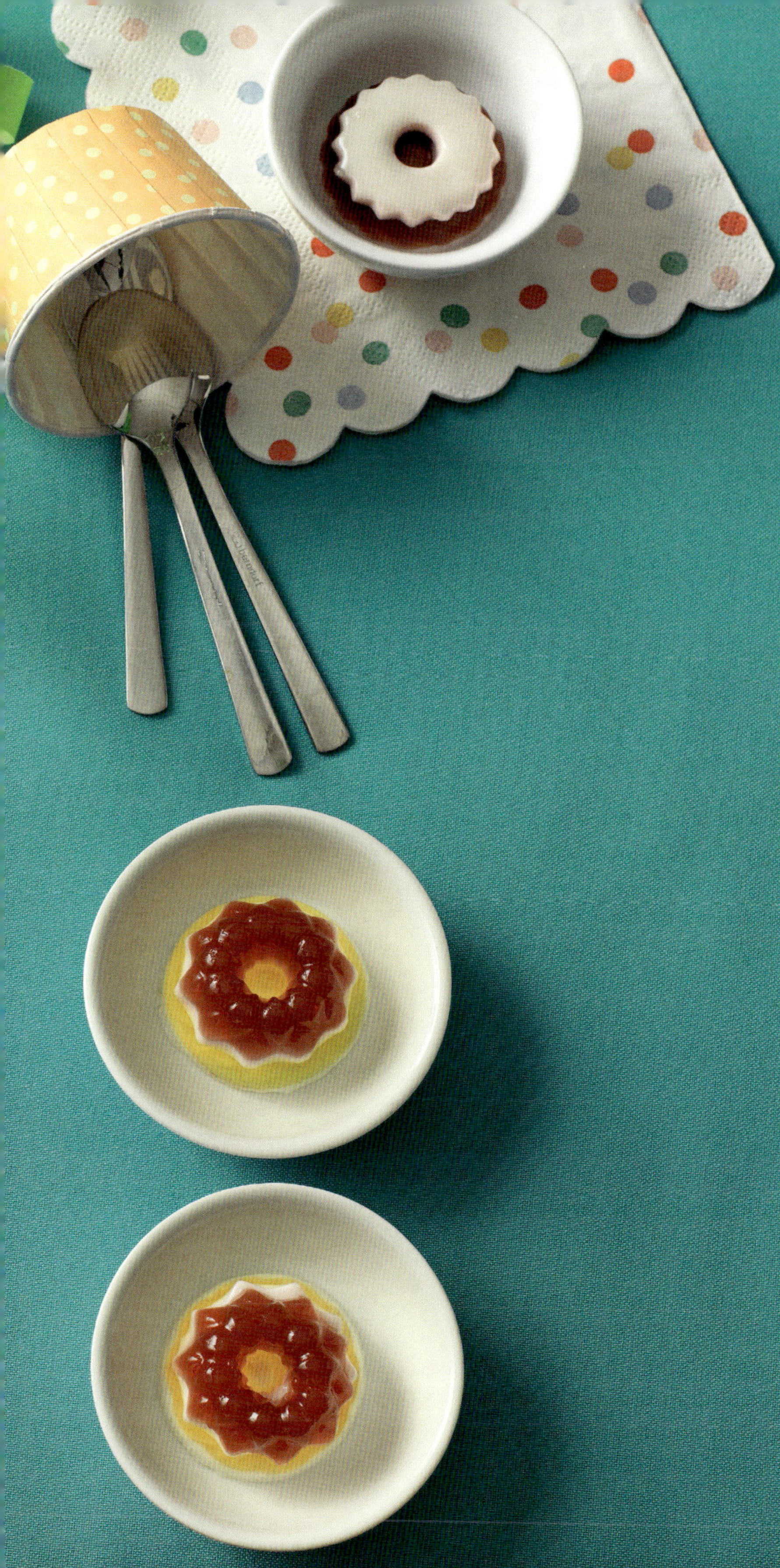

Läuterzucker
50 g Wasser
50 g Zucker

Rote Schicht
250 g Erdbeerdicksaft
4 Blatt Gelatine

Gelbe Schicht
200 g Ananassaft
50 g Läuterzucker
evtl. gelbe Lebensmittelfarbe
4 Blatt Gelatine

Grüne Schicht
250 g Apfelsaft
grüne Lebensmittelfarbe
4 Blatt Gelatine

Weiße Schicht
175 g Joghurt
75 g Schlagsahne
50 g Läuterzucker
4 Blatt Gelatine

WERKZEUG

- kleine Pralinenformen aus Silikon (Durchmesser 3–5 cm)

WISSENSWERTES

Lebensmittelfarbe
Gluten

Für ca. 20–24 Stück
je nach Größe der Form

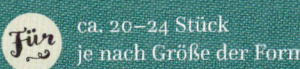

Cupcake-Kekse am Stiel

ZUTATEN

Helle Cookies
(Basisrezept S. 147)
540 g   weißer Rollfondant
braune Lebensmittelfarbe
bunter Streusel
27   rote Perlen
3 EL   Aprikosenmarmelade zum
         Kleben
Zuckerkleber zum Aufkleben des
Streusels
etwas Kokosfett zum Ausrollen des
Fondants
Eisstiele

WERKZEUG

- ♥ Cupcake-Keksausstecher
- ♥ Rollholz, antistatisch
- ♥ Zahnstocher

TIPPS & TRICKS

Fondant einfärben
Fondant ausrollen

WISSENSWERTES

Rollfondant
Zuckerkleber

Bereiten Sie den Cookie-Teig laut Basisrezept zu, stechen Sie Kekse aus und backen Sie diese nach Anleitung. Färben Sie die Hälfte des Rollfondants braun ein. Rollen Sie den weißen und braunen Fondant auf einer gefetteten Arbeitsfläche aus, schneiden Sie die beiden Bahnen am Rand exakt ab und fügen Sie diese zusammen (es bildet sich ein Stoß). Prägen Sie in den braunen Rollfondant mit einem Zahnstocher gleichmäßige Rillen. Nun stechen Sie mit demselben Keksausstecher gleich viele Formen aus, wie Sie Kekse haben, und zwar so, dass sich der untere Teil der Keksform in der braunen Fondant-Bahn befindet, der obere Teil in der weißen. Es entstehen „Cupcakes" mit brauner Manschette und weißem „Topping".

Bestreichen Sie nun die Kekse mit Aprikosenmarmelade, legen Sie die Eisstiele darauf und kleben Sie die Fondant-Teile darüber. Auf dem weißen Rollfondant befestigen Sie mit etwas Zuckerkleber die bunten Streusel und je 1 Perle. Die Kekse können beim Bekleben ruhig noch warm sein. Lassen Sie Ihre Kekse über Nacht bei Zimmertemperatur trocknen, damit die Stiele gut halten.

Für 27 Kekse
(Ausstecher 7 x 5,5 cm)

MARSHMALLOWS IM BECHER

~~~~~~~~

Bereiten Sie die Marshmallow-Masse laut Basisrezept zu, füllen Sie diese in einen Dressiersack mit einer großen Rundtülle und dressieren Sie die Masse noch warm in die Becher. Achten Sie darauf, auch unten im Becher viel Masse zu platzieren. Dadurch werden die Becher an der Basis schwerer und fallen später nicht um. Verzieren Sie Ihre Marshmallow-Becher gleich mit Streusel nach Belieben. Erwärmen Sie die dunkle Pflanzenfettglasur, bis sie flüssig ist, und tunken Sie die Becherränder mit einer Drehbewegung darin.

ZUTATEN

Marshmallow-Masse
(Basisrezept S. 155)
bunter Streusel
120 g   dunkle Pflanzenfettglasur
13   Waffelbecher

WERKZEUG

♥ Dressiersack
♥ Lochtülle

Für 13 Becher (Bodendurchmesser 3,5 cm, Höhe 7 cm)

Süße Raupe Nimmersatt

ZUTATEN

Vanille-Sahne-Kuchen
(Basisrezept S. 146)
3 unterschiedliche Lebensmittelfarben (lila, türkis, rot)

Vanillecreme
(Basisrezept S. 153, halbe Menge)

Dekor
200 g   Rollfondant
Lebensmittelfarbe rot,
grün & schwarz
2   Stäbchen für die Fühler
Zuckerkleber

WERKZEUG

- ♥ Sponge-Backform
- ♥ Dressiersack
- ♥ Sterntülle

TIPPS & TRICKS

Fondant einfärben

WISSENSWERTES

Lebensmittelfarbe
Rollfondant
Zuckerkleber

Bereiten Sie den Teig für den Vanille-Sahne-Kuchen laut Anleitung zu und teilen Sie die Masse in 4 Schüsseln à ca. 130 g auf. Färben Sie 3 Teigportionen mit jeweils einer Ihrer Farben ein und befüllen Sie je 3 Vertiefungen Ihrer Sponge-Backform mit buntem Teig (3 x lila, 3 x türkis, 3 x rot). Die restliche Kuchenmasse gießen Sie ungefärbt in die letzten 3 Vertiefungen.

Bereiten Sie die Vanillecreme laut Basisrezept zu. Sobald die Sponges ausgekühlt sind, füllen Sie die Vanillecreme in einen Dressiersack mit großer Sterntülle und dressieren diese hübsch auf die Cupcakes. Nun setzen Sie die süße Raupe auf einem länglichen Teller zusammen, wie auf dem Bild zu sehen.

Für den Dekor färben Sie folgende Fondantstückchen ein:
▷ Beine: 24 Fondant-Kügelchen à 2 g (grün), 24 kleine Würste à 4 g (rot) ▷ Augen: 10 g Fondant, davon 2 kleine Kügelchen (schwarz), der Rest in 2 gleich großen Scheiben (grün) ▷ Fühler: 7 g Fondant, daraus 2 Kügelchen (rot) ▷ Mund: 3 g Fondant (rot)
Kleben Sie die schwarzen Fondant-Pupillen mit Zuckerkleber auf die grünen Augen-Scheiben und dekorieren Sie die Raupe wie auf dem Bild. Tun Sie das aber erst kurz vor dem Servieren, weil der Fondant gerne abfärbt und/oder weich wird.

BUNTES SÜSS-SALZIGES POPCORN

ZUTATEN

4 EL   Pflanzenöl
4 EL   Popcorn-Mais
2 EL   Zucker
Lebensmittelfarbe
1   Prise Salz

Geben Sie Öl, Popcornmais und Zucker in einen schweren Topf (mit Deckel) und fügen Sie eine Messerspitze Lebensmittelfarbe bei. Gut unterrühren. Nun erhitzen Sie den Topf, legen den Deckel auf und lassen das bunte Popcorn aufpoppen. Rütteln Sie den Topf dabei ständig auf der Herdplatte, damit nichts anbrennt. Zum Schluss salzen Sie nach Geschmack.

BASIS
REZEPTE

BANANENKUCHEN

〰〰〰

ZUBEREITUNG

Pürieren Sie die Bananen mit dem Mixer oder Stabmixer, geben Sie Zucker, Öl und die Kaffeemilch dazu und mixen Sie alles gut durch. Fügen Sie dann die Eier hinzu und mixen Sie weiter. Zum Schluss rühren Sie Weizenmehl, Natron und die Schokochips langsam und vorsichtig unter.

Backtemperatur: 180 °C (Ober- und Unterhitze)
Backzeit: 25–30 Minuten je nach Backofen

MENGENANGABEN

♥ Für Cupcakes (Einfüllhöhe ¾ hoch)
48 Mini-Sponges (3 cm Bodendurchmesser, 1,5 cm Höhe)
12 große Sponges (5 cm Bodendurchmesser, 3,5 cm Höhe)

♥ Flach auf Backblech aufgestrichen
½ Backblech

ZUTATEN

250 g	reife Bananen, geschält (ca. 2½ mittelgroße Bananen)
80 g	Demerara-Zucker
95 g	Pflanzenöl
95 g	Kaffeemilch oder -sahne
2	Bio-Freiland-Eier (Größe M)
150 g	Weizenmehl (glatt)
10 g	Natron
50 g	Schokochips zum Backen

KAROTTEN-BUCHWEIZEN-KUCHEN
GLUTENFREI, VEGAN

ZUTATEN

145 g	Karotten
285 g	Apfelmus aus dem Glas
130 g	Öl
230 g	Buchweizenmehl
60 g	Kokosraspel
260 g	Zucker
7 g	Vanillezucker
7 g	Zimt
7 g	Natron
7 g	Backpulver
1	Prise Salz

WISSENWERTES

Gluten

Vegan

ZUBEREITUNG

Schälen Sie die Karotten und raspeln Sie diese grob. Geben Sie das Apfelmus und das Öl zu den geraspelten Karotten. Vermischen Sie alle trockenen Zutaten in einer separaten Schüssel. Geben Sie nun die Karotten-Mischung in die Schüssel mit den trockenen Zutaten und mixen Sie sie sehr schnell unter, aber nicht zu lange, weil der Teig sonst beim Backen zusammenfällt. Die Masse ist sehr fest, füllen Sie sie deshalb mit einem Löffel in die Form (fast bis ganz an den Rand).

Backtemperatur: 180 °C (Ober- und Unterhitze)
Backzeit: ca. 30 Minuten

MENGENANGABEN

♥ Für Cupcakes (Einfüllhöhe ¾ hoch)
48 Mini-Sponges (3 cm Bodendurchmesser, 1,5 cm Höhe)
12 große Sponges (5 cm Bodendurchmesser, 3,5 cm Höhe)

♥ Flach auf Backblech aufgestrichen
½ Backblech

MANDELKUCHEN
GLUTENFREI

~~~~~~~~

ZUBEREITUNG

Geben Sie alle Zutaten außer Maisstärke und Backpulver in eine Schüssel und verrühren Sie sie mit dem Mixer. Danach heben Sie mit der Hand Maisstärke und Backpulver ganz, ganz vorsichtig unter. Der Grund liegt darin, dass Sie mit den Händen viel mehr Gefühl haben als mit einem Kochlöffel oder dem Mixer. Außerdem bleibt so die meiste Luft im Teig und Sie bekommen mehr Masse. Wenn Sie am Ende weniger Teig haben, als in der Mengenangabe beschrieben, schmeckt der Kuchen auch gut, er ist nur nicht ganz so fluffig.

Backtemperatur: 180 °C (Ober- und Unterhitze)
Backzeit: 25–30 Minuten je nach Backofen

MENGENANGABEN

♥ Für Cupcakes
48 Mini-Sponges (3 cm Bodendurchmesser, 1,5 cm Höhe)
12 große Sponges (5 cm Bodendurchmesser, 3,5 cm Höhe)

♥ Flach auf Backblech aufgestrichen
½ Backblech

ZUTATEN

150 g	Apfelmus aus dem Glas
½ TL	Zimt
3	Bio-Freiland-Eier (Größe L)
1	Eigelb (Größe L)
160 g	Mandeln, gerieben
100 g	Zucker
1 TL	Zitronensaft
25 g	Mandelsplitter
75 g	Maisstärke
4 g	Backpulver

WISSENSWERTES

Gluten

SCHOKOKUCHEN
~~~~~~

ZUTATEN

45 g	neutrales Pflanzenöl
160 g	Butter
200 g	Zucker
4 g	Vanillezucker (1 TL)
2	Bio-Freiland-Eier (Größe L)
40 g	ungesüßter Kakao
85 g	heißes Wasser
170 g	Weizenmehl (glatt)
2½ g	Natron
2½ g	Backpulver
1	Prise Salz
100 g	Saure Sahne

ZUBEREITUNG

Geben Sie Pflanzenöl, Butter und Zucker samt Vanillezucker in eine Schüssel über ein Wasserbad und lassen Sie die Butter schmelzen. Dann mixen Sie die flüssige Mischung ca. 2 Minuten. Nun rühren Sie nach und nach die beiden Eier unter. Lösen Sie den ungesüßten Kakao im heißen Wasser gut auf und gießen Sie ihn zur Teigmasse. Alles wiederum gut mixen. Zum Schluss kommen die restlichen Zutaten löffelweise in die Schüssel. Verrühren Sie alles zu einer homogenen Masse.

Backtemperatur: 180 °C (Ober- und Unterhitze)
Backzeit: 30–40 Minuten je nach Backofen

MENGENANGABEN

♥ Für Cupcakes
48 Mini-Sponges (3 cm Bodendurchmesser, 1,5 cm Höhe)
12 große Sponges (5 cm Bodendurchmesser, 3,5 cm Höhe)

♥ Flach auf Backblech aufgestrichen
½ Backblech

SCHOKO-KASTANIEN-KUCHEN
GLUTENFREI

~~~~~~~

ZUBEREITUNG

Schmelzen Sie die Kuvertüre über einem Wasserbad. Schlagen Sie in einer Schüssel das Eiweiß mit dem Salz zu Eischnee. Dann mixen Sie in einer separaten Rührschüssel das Kastanienpüree, die zimmerwarme Butter und den Puderzucker miteinander. Die Eigelbe geben Sie nach und nach zur Kastanien-Mischung, dann den Rum und zum Schluss die flüssige Kuvertüre. Nun heben Sie den Eischnee ganz, ganz vorsichtig unter. Wenn Sie die Kuchen-masse in Muffin- oder Spongeförmchen einfüllen, dann fast bis zum Rand, die Masse geht kaum auf.

Backtemperatur: 180 °C (Ober- und Unterhitze)
Backzeit: ca. 35 Minuten je nach Backofen

MENGENANGABEN

♥ Für Cupcakes
48 Mini-Sponges (3 cm Bodendurchmesser, 1,5 cm Höhe)
12 große Sponges (5 cm Bodendurchmesser, 3,5 cm Höhe)

♥ Flach auf Backblech aufgestrichen
½ Backblech

ZUTATEN

160 g	dunkle Kuvertüre
4	Eiweiß (Bio-Freiland-Eier, Größe L)
1	Prise Salz
310 g	Kastanienpüree
90 g	zimmerwarme Butter
40 g	Puderzucker
5	Eigelb (Bio-Freiland-Eier, Größe L)
1 EL	Rum

WISSENWERTES

Gluten

QUARK-NUSS-KUCHEN
~~~~~~~

ZUTATEN

70 g	Weizenmehl (glatt)
50 g	Haselnüsse, gerieben
3 g	Backpulver
3	Eiweiß (Bio-Freiland-Eier, Größe L), zimmerwarm
60 g	Zucker
1	Prise Salz
45 g	Puderzucker
4 g	Vanillezucker
105 g	Butter, zimmerwarm
4	Eigelb (Bio-Freiland-Eier, Größe L), zimmerwarm
90 g	Quark (20 % Fett), zimmerwarm
1	Prise Zitronenzesten

ZUBEREITUNG

Bei diesem Rezept ist es besonders wichtig, dass ALLE Zutaten Zimmertemperatur haben.

Vermischen Sie das Weizenmehl, die Nüsse und das Backpulver in einer Schüssel. Schlagen Sie in einer separaten Schüssel Eiweiß, Zucker und Salz zu Schnee. Wiederum in einer separaten (großen) Schüssel mixen Sie Puder- und Vanillezucker mit der Butter schaumig, dann kommen nach und nach die Eigelbe dazu, zum Schluss rühren Sie den Quark und die Zesten ein. Nun heben Sie abwechselnd 1 Teil der Weizenmehl-Mischung und 1 Teil vom Eischnee mit der Hand unter die Butter-Quark-Mischung. Mit den Händen haben Sie mehr Gefühl beim Unterheben und rühren nicht zu viel Luft aus der Masse. Nun vermischen Sie alles zusammen in einer Schüssel. Füllen Sie die Backförmchen fast bis zum Rand an.

Backtemperatur: 175 °C (Ober- und Unterhitze)
Backzeit: 25 Minuten je nach Backofen

MENGENANGABEN

♥ Für Cupcakes
48 Mini-Sponges (3 cm Bodendurchmesser, 1,5 cm Höhe)
12 große Sponges (5 cm Bodendurchmesser, 3,5 cm Höhe)

♥ Flach auf Backblech aufgestrichen
½ Backblech

VANILLEKUCHEN

~~~~~

ZUBEREITUNG

Geben Sie alle Zutaten bis auf das Mehl und das Backpulver in eine Schüssel und verrühren Sie alles ein paar Minuten auf mittlerer Stufe Ihrer Küchenmaschine. Achtung – NICHT schaumig rühren! Fügen Sie dann gleich das Mehl und das Backpulver unter Rühren hinzu und füllen Sie den Teig, falls Sie Sponges machen, zwei Drittel hoch in Ihre Förmchen. Der Teig ist relativ fest, schmeckt aber traumhaft!

Backtemperatur: 180 °C (Ober- und Unterhitze)
Backzeit: 25–30 Minuten je nach Backofen

MENGENANGABEN

♥ Für Cupcakes
48 Mini-Sponges (3 cm Bodendurchmesser, 1,5 cm Höhe)
12 große Sponges (5 cm Bodendurchmesser, 3,5 cm Höhe)

♥ Flach auf Backblech aufgestrichen
½ Backblech

ZUTATEN

120 g	Pflanzenöl
120 g	Milch
1	Bio-Freiland-Ei (Größe L)
1	Eigelb (Größe L)
225 g	Zucker
5 g	Vanillezucker
245 g	Weizenmehl (glatt)
5 g	Backpulver

VANILLE-SAHNE-KUCHEN
~~~~~~~

ZUTATEN

285 g	Schlagsahne
2	Bio-Freiland-Eier (Größe L)
1	Eigelb
4 g	Vanillezucker
165 g	Puderzucker
235 g	Weizenmehl (glatt)
6 g	Backpulver
1	Prise Salz

ZUBEREITUNG

Mixen Sie die Sahne, bis sie cremig ist (nicht zu steif!). In einer separaten Rührschüssel mixen Sie Eier und Eigelb, bis sie gut vermischt sind, und geben dann Puder- und Vanillezucker dazu. Nun mixen Sie so lange, bis die Masse hellgelb ist.

Heben Sie nun die Hälfte der Ei-Zucker-Mischung vorsichtig unter die cremige Sahne und machen Sie es anschließend mit der zweiten Hälfte genauso. Zum Schluss vermischen Sie Mehl, Backpulver und Salz und heben diese Zutaten mit der Hand (!) unter, um nicht zu viel Luft aus dem Teig zu rühren.

Backtemperatur: 180 °C (Ober- und Unterhitze)
Backzeit: ca. 30 Minuten je nach Backofen

MENGENANGABEN

♥ Für Cupcakes (Einfüllhöhe ¾ hoch)
48 Mini-Sponges (3 cm Bodendurchmesser, 1,5 cm Höhe)
12 große Sponges (5 cm Bodendurchmesser, 3,5 cm Höhe)

♥ Flach auf Backblech aufgestrichen
½ Backblech

HELLE COOKIES

~~~~~

ZUBEREITUNG

Verkneten Sie alle Zutaten zu einem Teig, wickeln Sie diesen gut in Frischhaltefolie ein und lassen Sie ihn 1 bis 2 Stunden im Kühlschrank rasten. Danach rollen Sie den Teig auf einer bemehlten Arbeitsplatte aus, stechen die gewünschten Keksformen aus und schieben die Kekse in den vorgeheizten Backofen.

Backtemperatur: 175–180 °C (Ober- und Unterhitze)
Backzeit: ca. 10–15 Minuten je nach Backofen und Keksgröße

MENGENANGABEN

♥ Für ca. 2 Backbleche

ZUTATEN

300 g	Weizenmehl (glatt)
150 g	Butter
150 g	Puderzucker
4 g	Vanillezucker
Abrieb einer halben Zitrone	
1	Prise Salz
3 g	Backpulver
1	Bio-Freiland-Ei (Größe L)
1	Eigelb (Größe L)

MANDEL-ZIMT-KEKSE
〰〰〰〰〰

ZUTATEN

150 g	Mandeln
150 g	Puderzucker
250 g	Butter, zimmerwarm
210 g	Weizenmehl (glatt)
40 g	Kakao
1	Bio-Freiland-Ei (Größe L)
½ TL	Zimt

etwas Mehl zum Ausrollen

ZUBEREITUNG

Verkneten Sie alle Zutaten in einer Schüssel rasch mit den Händen zu einem Teig. Decken Sie die Schüssel mit Frischhaltefolie gut ab und stellen Sie sie für mind. 2 Stunden in den Kühlschrank. Danach rollen Sie den Teig auf einer bemehlten Arbeitsplatte aus, stechen die gewünschten Keksformen aus und schieben die Kekse in den vorgeheizten Backofen.

Backtemperatur: 175–180 °C (Ober- und Unterhitze)
Backzeit: ca. 10 Minuten je nach Backofen und Keksgröße

MENGENANGABEN

♥ Für ca. 2 Backbleche

SCHOKOKEKSE

~~~~~~

ZUBEREITUNG

Verkneten Sie alle Zutaten in einer Schüssel rasch mit den Händen zu einem Teig. Decken Sie die Schüssel mit Frischhaltefolie gut ab und stellen Sie sie für mind. 2 Stunden in den Kühlschrank. Danach rollen Sie den Teig auf einer bemehlten Arbeitsplatte aus, stechen die gewünschten Keksformen aus und schieben die Kekse in den vorgeheizten Backofen.

Backtemperatur: 175–180 °C (Ober- und Unterhitze)
Backzeit: ca. 10 Minuten je nach Backofen und Keksgröße

MENGENANGABEN

♥ Für ca. 2 Backbleche

ZUTATEN

195 g	Weizenmehl (glatt)
35 g	ungesüßter Kakao
110 g	Butter, zimmerwarm
140 g	Puderzucker
10 g	Vanillezucker
1	Bio-Freiland-Ei (Größe L)
1	Prise Salz
½ TL	Backpulver
1 EL	Milch
etwas Mehl zum Ausrollen	

MERINGUES
GLUTENFREI

~~~~~

ZUTATEN

6	Eiweiß (Bio-Freiland-Eier, Größe L)
210 g	Zucker
210 g	Puderzucker

WISSENWERTES

Gluten

WERKZEUG

Dressiersack

Tülle in gewünschter Form

ZUBEREITUNG

Heizen Sie Ihren Backofen auf 60 °C vor und schneiden Sie Backtrennpapier auf Blechgröße zu. Schieben Sie Ihr Backblech in den Ofen, damit es sich ebenfalls erwärmt. Sieben Sie den Puderzucker und bereiten Sie auch schon den Dressiersack mit der gewünschten Tülle vor.

Schlagen Sie Eiweiß mit Zucker cremig-steif und heben Sie den Puderzucker mit dem Kochlöffel vorsichtig unter. Wenn Sie die Masse einfärben möchten, tun Sie es jetzt. Am besten verwenden Sie dazu pastöse oder Gelfarben.

Füllen Sie die Masse in einen Dressiersack mit passender Tülle und dressieren Sie die gewünschten Formen auf das vorgewärmte Backblech. Schieben Sie das Blech in den Backofen und klemmen Sie einen Holzkochlöffel (Plastik könnte schmelzen) in die Ofentüre, sodass ein wenig Luft durchströmen kann.

Backtemperatur: 60 °C (Ober- und Unterhitze)
Backzeit: 8–10 Stunden je nach Backofen

MENGENANGABEN

♥ Je nach Form für ca. 2 Backbleche

VANILLEKIPFERL

ZUBEREITUNG

Geben Sie alle Zutaten auf eine Arbeitsfläche und verkneten Sie sie rasch zu einem Teig. Wickeln Sie den Teig in Frischhaltefolie ein und lassen Sie ihn 1 Stunde im Kühlschrank rasten.

Danach formen Sie aus dem Teig eine Rolle von ca. 5 cm Durchmesser und schneiden davon Scheibchen von ca. 0,5 cm Breite ab. Diese rollen Sie zu kleinen Stangen mit ca. 1 cm Durchmesser und formen diese zu Kipferln.

Wälzen Sie die Vanillekipferl noch warm in der Puderzucker-Vanillezucker-Mischung.

Wenn Sie den Vanillekipferl-Teig zu Vanillekipferl-Topping (siehe S. 152) weiterverarbeiten, brauchen Sie natürlich keine Kipferl formen. Sie können auch die Scheibchen backen.

Backtemperatur: 170 °C (Ober- und Unterhitze)
Backzeit: ca. 15–18 Minuten

MENGENANGABEN

♥ Je nach Form für ca. 2 Backbleche

ZUTATEN

75 g	Weizenmehl (glatt)
65 g	zimmerwarme Butter
25 g	Puderzucker
1 TL	Vanillezucker
35 g	Mandeln, gemahlen
1	Prise Salz

Zum Wälzen:

20 g	Puderzucker
1 TL	Vanillezucker

VANILLEKIPFERL-TOPPING

ZUTATEN

Sahnepudding:

115 g	Schlagsahne
60 g	Milch
20 g	Zucker
15 g	Maisstärke

Topping:

40 g	Rohmarzipan
8 g	Vanillezucker
500 g	Mascarino
100 g	Schlagsahne
150 g	Vanillekipferl, zerkrümelt (siehe S. 151)

evtl. noch etwas Puderzucker nach Geschmack

WISSENWERTES

Mascarino

ZUBEREITUNG

Den Sahnepudding bereiten Sie am Vortag zu: Kochen Sie Schlagsahne, 30 g Milch und Zucker auf. Währenddessen verrühren Sie die Maisstärke in den restlichen 30 g Milch in einer Tasse. Sobald die Sahne-Mischung aufkocht, die Maisstärke-Mischung unter ständigem Rühren hinzufügen. Wenn der Pudding eindickt, ziehen Sie den Topf sofort vom Herd, füllen den Pudding in ein anderes Gefäß um und decken ihn mit Frischhaltefolie ab (die Folie soll direkten Kontakt mit dem Pudding haben, um Hautbildung zu vermeiden). Stellen Sie den Pudding über Nacht in den Kühlschrank.

Für das Topping rühren Sie das Rohmarzipan mit dem Sahnepudding kurz glatt. Dann fügen Sie den Vanillezucker, Mascarino und die flüssige Schlagsahne hinzu. Mixen Sie so lange, bis die Masse eine standfeste Konsistenz hat. Zum Schluss mixen Sie die Vanillekipferl-Krümel unter und evtl. etwas Puderzucker.

VANILLECREME

ZUBEREITUNG

Den Sahnepudding bereiten Sie am Vortag zu: Kochen Sie die Schlagsahne, 50 g Milch und den Zucker auf. Währenddessen verrühren Sie die Maisstärke in den restlichen 45 g Milch mit dem Eigelb in einer Tasse. Sobald die Sahne-Mischung aufkocht, fügen Sie die Stärke-Mischung unter ständigem Rühren hinzu. Wenn der Pudding eindickt, ziehen Sie den Topf sofort vom Herd, füllen den Pudding in ein anderes Gefäß um und decken ihn mit Frischhaltefolie ab (die Folie soll direkten Kontakt mit dem Pudding haben, um Hautbildung zu vermeiden). Stellen Sie den Pudding über Nacht in den Kühlschrank.

Für das Topping mixen Sie den Sahnepudding glatt, geben Mascarino, Puder- sowie Vanillezucker und die flüssige Schlagsahne dazu. Mixen Sie so lange, bis das Topping eine standfeste Konsistenz hat.

ZUTATEN

Sahnepudding:

190 g	Schlagsahne
95 g	Milch
55 g	Zucker
25 g	Maisstärke
1	Eigelb (Bio-Freiland-Ei, Größe L)

Topping:

330 g	Sahnepudding
500 g	Mascarino
25 g	Puderzucker
16 g	Vanillezucker
100 g	Schlagsahne

WISSENWERTES

Mascarino

EIWEISSSPRITZGLASUR
GLUTENFREI

~~~~~~~

ZUTATEN

1	Eiweiß (ca. 30 g)
150 g	Puderzucker, zweimal gesiebt
5	Tropfen Zitronensaft

WISSENWERTES

Gluten

WERKZEUG

Papiertüte

TIPPS & TRICKS

Papiertüte drehen

ZUBEREITUNG

Verrühren Sie alle Zutaten in einer Schüssel mit dem Handmixer. Zuerst auf niedriger Stufe (ca. 20 Sekunden), danach auf höchster Stufe (2 bis 3 Minuten). Wenn Ihre Eiweißspritzglasur zu fest wird, fügen Sie 2 oder 3 Tropfen Wasser hinzu, ist sie zu weich, einfach noch etwas gesiebten Puderzucker unterrühren.

Dann füllen Sie die Eiweißspritzglasur in eine Papiertüte, um damit Ihren Dekor anzufertigen. Decken Sie die Schüssel mit der restlichen Glasur unbedingt mit einem feuchten Tuch oder einem luftdicht schließenden Deckel ab, während Sie mit der Tüte arbeiten. Die Eiweißspritzglasur trocknet rasch aus und bildet an der Oberfläche eine Kruste. Wenn Sie diese Kruste in der Masse verrühren, entstehen kleine Klümpchen, die die Tüte verstopfen. Sollte das passieren, rühren Sie am besten eine neue Glasur an.

Sie können die Glasur ein paar Tage luftdicht verschlossen im Kühlschrank aufbewahren.

MARSHMALLOW-MASSE
GLUTENFREI

ZUBEREITUNG

Weichen Sie die Gelatine in kaltem Wasser ein. Kochen Sie den Zucker mit dem Honig mit 200 g Wasser bis 127 °C (Lebensmittelthermometer verwenden). Währenddessen schlagen Sie das Eiweiß und den Vanillezucker in der Küchenmaschine zu Eischnee. Nehmen Sie die Gelatine mit der Hand aus dem Wasser und drücken Sie das Wasser aus. Nun nehmen Sie die 127 °C heiße Zucker-Mischung vom Herd und lösen die Gelatine darin auf. Danach gießen Sie die heiße Zucker-Gelatine-Mischung zu dem steif geschlagenen Eiweiß in der Küchenmaschine. Sie müssen dabei ständig rühren! Sobald die gesamte heiße Flüssigkeit unter das Eiweiß gerührt ist, müssen Sie die Marshmallow-Masse SEHR rasch weiterverarbeiten, weil sie schnell eindickt.

ZUTATEN

12	Blatt Gelatine
200 g	Wasser
500 g	Zucker
1 EL	Honig
160 g	Eiweiß (4–5 Bio-Freiland-Eier, Größe L)
1 TL	Vanillezucker

WISSENWERTES

Gluten

WERKZEUG

Lebensmittelthermometer

SCHOKO-GLANZ-GLASUR
GLUTENFREI

ZUTATEN

3 Blatt	Gelatine
110 g	Schlagsahne
30 g	ungesüßter Kakao
75 g	dunkle Kuvertüre
5 g	Butter
135 g	Zucker
50 g	Wasser

WISSENWERTES

Gluten

WERKZEUG

Lebensmittelthermometer

ZUBEREITUNG

Weichen Sie die Gelatine in kaltem Wasser ein. Erhitzen Sie die Schlagsahne in einen Topf auf 80 °C (Lebensmittelthermometer verwenden!). Reduzieren Sie die Temperatur und sieben Sie nun das Kakaopulver in kleinen Portionen dazu, dazwischen rühren Sie langsam um. So verhindern Sie Klümpchen. Wiederholen Sie den Vorgang, bis der gesamte Kakao in der Schlagsahne aufgelöst ist. Nun nehmen Sie den Topf vom Herd, drücken die Gelatine aus und lösen diese ebenfalls durch ständiges Rühren in der warmen Kakao-Sahne auf.

Schmelzen Sie die Kuvertüre mit der Butter sehr sanft über einem Wasserbad. Währenddessen kochen Sie den Zucker mit dem Wasser bis 125 °C. Zuerst rühren Sie die geschmolzene Kuvertüre in die Sahne-Gelatine-Mischung, danach rühren Sie den gekochten Zucker ein. Damit die Glasur einen schönen Glanz bekommt, wird sie zum Schluss emulgiert. Dazu mixen Sie mit einem Pürierstab so, dass möglichst wenige Luftblasen entstehen (nur langsam bewegen). Ganz vermeidbar sind sie leider nicht. Nach ca. 2 Minuten nehmen Sie den Topf mit beiden Händen, heben ihn hoch und klopfen ihn auf die Arbeitsfläche auf, sodass die Luftbläschen nach oben entweichen können.

Wiederholen Sie das Aufklopfen ein paar Minuten später noch einmal. Je weniger Luft in Ihrer Glasur ist, desto schöner und gleichmäßiger wird sie.

Sie können die Glasur in einem luftdicht verschlossenen Behälter bis zu 3 Wochen im Kühlschrank lagern.

TIPPS & TRICKS

FONDANT EINFÄRBEN:

Bilder 1 und 2

Kneten Sie den Fondant einmal durch. Dann entnehmen Sie zuerst wenig Farbe mit einem Zahnstocher. Die Handschuhe benötigen Sie, damit Sie hinterher keine bunten Finger haben. Zum Einfärben brauchen Sie keinerlei Fett oder Stärke auf Ihrer Arbeitsfläche.

Bilder 3 und 4

Kneten Sie den Fondant gut durch. Wenn die Farbe zu blass ist, geben Sie noch etwas dazu. Kneten Sie so lange, bis der Fondant eine homogene Farbe ohne Streifen hat. Sobald die Farbe grob eingearbeitet ist, können Sie die Handschuhe wieder ausziehen. So knetet es sich leichter.

Bild 5

Am besten lässt sich Fondant mit sogenannten Gel- oder Pastenfarben einfärben. Für zarte Farbtöne sind auch flüssige Lebensmittelfarben geeignet. Pulverfarben müssen vorher gut in Wasser aufgelöst werden, hinterlassen nach dem Färben aber oft Pigmentflecken. Wichtig ist, dass beim Einfärben nicht zu viel Flüssigkeit in den Fondant eingearbeitet wird. Seine Konsistenz wird zu weich, was das Eindecken von Torten erheblich erschwert.

FONDANT AUSROLLEN:

Bilder 1 und 2

Das Um und Auf beim Ausrollen von Fondant ist das Einfetten oder Bestäuben der Arbeitsfläche sowie das Verwenden eines antistatischen Rollholzes. Zum Einfetten nehmen Sie am besten Kokosfett. Wenn Sie sich für das Bestäuben entscheiden, nehmen Sie Kartoffel- oder Maisstärke. Puderzucker ist zum Ausrollen nicht geeignet. Sie erreichen damit genau das Gegenteil: Der Fondant bleibt auf der Arbeitsfläche kleben.

Bilder 3 und 4

Um sicher zu gehen, dass Ihr Fondant nicht klebt, müssen Sie ihn immer wieder mit einer Teigkarte von der Arbeitsfläche lösen und weiter ausrollen. Bei Bedarf noch etwas Fett oder Stärke auf die Arbeitsfläche geben.

Bild 5

Die ideale Stärke von ausgerolltem Fondant liegt bei 3–5 mm. Seien Sie am Anfang nicht zu ehrgeizig: Zu dünn ausgerollter Fondant reißt beim Eindecken von Torten relativ leicht und kaschiert eventuelle Unebenheiten auf Ihrem Tortenrohling nicht.

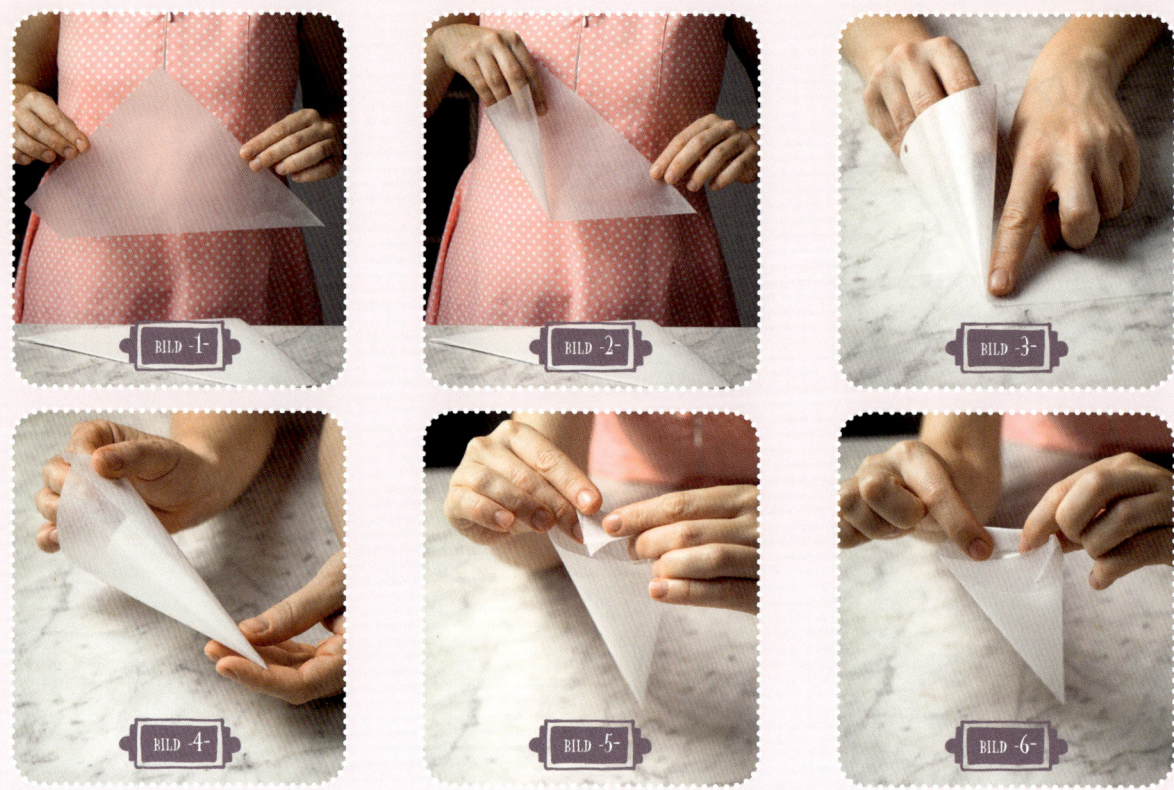

PAPIERTÜTE DREHEN:

Bilder 1 und 2

Es gibt Tüten-Papier im Fachhandel zu kaufen, Sie können aber auch ein Blatt Backtrennpapier diagonal halbieren. Die abgeflachte Ecke spielt keine Rolle. Nun rollen Sie das Papier wie auf dem Bild ersichtlich zusammen.

Bilder 3 und 4

Wichtig ist, dass die Spitze der Tüte gut geschlossen ist. Die beiden Ecken des Dreiecks oben zusammenziehen und gut festhalten.

Bilder 5 und 6

Nun schlagen Sie das Papier an der großen Öffnung Ihres Papiertrichters zweimal ein, damit die Tüte nicht mehr auseinandergleiten kann, sondern gut zusammenhält.

EIWEISSSPRITZGLASUR BENUTZEN:

Bilder 1 und 2

Drehen Sie eine Papiertüte laut Anleitung und befüllen Sie sie mit der vorbereiteten Eiweißspritzglasur. Decken Sie die Schüssel mit der Eiweißspritzglasur danach mit einem feuchten Tuch ab, damit sie nicht austrocknet.

Bilder 3 und 4

Falten Sie die obere Öffnung der Tüte zusammen, damit sie an beiden Seiten verschlossen ist. An der Spitze schneiden Sie nun ein kleines Loch. Es sollte maximal 2–3 mm groß sein.

Bilder 5 und 6

Drücken Sie die Eiweißspritzglasur in Ihrer Tüte leicht von hinten zur Spitze. Bevor Sie sich an Ihr Kunstwerk wagen, üben Sie auf Ihrer Arbeitsfläche mit Punkten und Linien. Verlaufen die Punkte zu Flecken, ist Ihre Glasur zu weich (dann noch etwas Puderzucker einrühren). Sehen Ihre Punkte aus wie Stachel, ist sie zu fest (dann noch 1–2 Tropfen Flüssigkeit dazugeben).

TORTEN FÜLLEN:

Bilder 1 und 2

Wenn Sie Ihren Kuchen in einem Tortenring oder einer Springform backen, dann schneiden Sie den Kuchen zweimal horizontal durch. Wenn Sie Ihren Kuchen flach auf einem Blech aufgestrichen und gebacken haben, stechen Sie 3 gleich große Teile aus und füllen Sie zwischen jede Kuchenlage eine Schicht Creme Ihrer Wahl.

Bilder 3 und 4

Die Cremeschicht sollte nie höher sein als 5 mm, weil die Creme sonst durch das Gewicht des Fondants an den Seiten herausgedrückt würde. Streichen Sie Ihren Kuchen rundum dünn (max. 1–2 mm) mit derselben Creme ein. Sie können jede Art von Creme oder Marmeladen verwenden.

Bilder 5 und 6

Damit eine schöne, glatte Oberfläche entsteht, ziehen Sie mit einer Teigkarte überschüssige Creme rundum ab. Wenn Sie eine Stocktorte machen, setzen Sie Ihren Kuchen auf ein stabiles Cakeboard. Wenn Sie die Torte eindecken, stellen Sie sie davor 1 Stunde in den Kühlschrank oder frieren Sie sie kurz ein.

TORTEN EINDECKEN:

Bilder 1 und 2

Rollen Sie Ihren Fondant auf einer gut gefetteten oder mit Stärke bestreuten Arbeitsfläche aus. Nehmen Sie dazu ein antistatisches Rollholz. Nun heben Sie den Fondant vorsichtig auf und legen ihn auf Ihren Kuchenrohling.

Bilder 3 und 4

Um Torten faltenfrei einzudecken, müssen Sie nur Eines beherzigen: zuerst den Fondant an den Seiten hochheben und dann mit der anderen Hand leicht andrücken. Das Hochheben ist der Schlüssel zu einer glatten und faltenfreien Torte! Ob rund oder eckig, es funktioniert überall nach demselben Prinzip!

Bilder 5 und 6

Schneiden Sie überstehenden Fondant mit einem Messer ab. Danach streichen Sie mit Fondant-Glättern nochmals über Kanten und Seiten und verleihen Ihrem Kunstwerk damit den letzten Schliff!

STOCKTORTEN ZUSAMMENSETZEN:

Bilder 1 und 2

Damit Stocktorten nicht in sich zusammenbrechen, benötigt man ein Gerüst in der Torte. Dazu muss jedes Stockwerk auf einem Cakeboard stehen und in die Torte müssen sogenannte Torten- dübel eingebaut werden. Das sind entweder unbehandelte Buchenholzstäbe, dicke Strohhalme, Cake-Pop-Stiele oder andere lebensmittelechte Stäbchen. Messen Sie die Höhe Ihrer Torte ab und schneiden Sie Ihre Tortendübel genau auf diese Höhe zu. Nun versenken Sie mindestens 3 Tortendübel in Ihrer Torte.

Bilder 3 und 4

Setzten Sie das obere Stockwerk nun vorsichtig auf die untere Torte. Die obere Torte muss auf einem Cakeboard stehen (siehe Bild 3), damit die Tortendübel eine gute Stabilität bieten. Um eine noch bessere Verbindung der Stockwerke zu erreichen, können Sie die Stockwerke mit Zuckerkle- ber oder Eiweißspritzglasur zusammenkleben.

SCHLEIFE MODELLIEREN:

Bilder 1 und 2

Schneiden Sie einen breiten Streifen aus Ihrem Fondant und falten Sie ihn ein Mal entlang der Längsseite. Klappen Sie die beiden Enden nun zusammen und stellen Sie die Schleife so auf, dass der Bug oben ist.

Bilder 3 und 4

Legen Sie ein rechteckiges, längliches Stück Fondant über die Mitte der Schleife und drücken Sie mit einem Pinselstiel eine Mulde in die Mitte. Schneiden Sie überschüssigen Fondant mit einem Messer weg.

Bilder 5 und 6

Für die Bänder der Schleife schneiden Sie ein längliches Rechteck schräg auseinander. Pressen Sie das gerade Ende des Bandes leicht zusammen. Drücken Sie die beiden Bänder behutsam an die Schleife.

ANTISTATISCHER
AUSROLLSTAB

ABTROPFGITTER

ZUCKERTHERMOMETER

EINWEG-DRESSIERSACK

TÜLLEN

FONDANTGLÄTTER

TEIGKARTE

TORTENDÜBEL

CAKE POP-STÄBCHEN

LEBENSMITTEL-
THERMOMETER

PRALINEN-
TUNKGABELN

CAKEBOARDS

TÜTENPAPIER

WERKZEUG & WISSENSWERTES

~~~~~~~

BARSIRUP: siehe Sirup.

CAKEBOARD: Stabile, lebensmittelechte Tortenunterlage, die das Stapeln von Torten möglich macht. Auch bei größeren einstöckigen Torten erleichtern Cakeboards das Heben und Transportieren. Cakeboards sind in dünnen und dickeren Varianten erhältlich. Je dicker (bis zu 1 cm), desto stabiler.

CURD: Lemon Curd (Zitronencreme) ist eine in Großbritannien und Nordamerika verbreitete Creme, die aus Eiern, Zitronen oder Limetten sowie Zucker hergestellt wird. Die Masse hat eine puddingartig-cremige Beschaffenheit. Das besonders intensive Aroma erhält die Creme dadurch, dass sowohl Saft als auch Schale der Zitrusfrüchte verwendet werden.

DRESSIERSACK, AUCH: Spritzbeutel. Ein- oder Mehrwegbeutel, meist aus Kunststoff, in den man das Topping einfüllt, um es auf dem Sponge zu drapieren. Ersatzweise können Sie einen an einer Ecke aufgeschnittenen Gefrierbeutel verwenden.

EINWEG-DRESSIERSACK: siehe Dressiersack

ESSBARE BLÜTEN: Vorausgesetzt sie sind unbehandelt, können Sie z.B. Rosenblätter, Gänseblümchen, Ringelblumenblüten, Löwenzahn und Veilchen essen.

FONDANT: siehe Rollfondant

GLASIERGITTER: Feinmaschiges Abtropfgitter. Stellen Sie es auf ein Blech oder Backpapier, damit die abtropfende Flüssigkeit (meistens Pflanzenfettglasur oder Kuvertüre) entweder aufgefangen wird oder einfach zu entsorgen ist.

GLUTEN/GLUTENFREI: Gluten ist das Klebereiweiß, das in bestimmten Getreidesorten vorkommt und für deren Backfähigkeit sorgt. Es bildet die Grundlage dafür, dass das Getreidemehl bei der Verarbeitung zu einem klebrigen Teig wird. Weizen, Dinkel, Roggen, Gerste, Grünkern und Hafer enthalten Gluten – und auch sämtliche Produkte, die aus diesen Getreidesorten hergestellt werden. Hirse, Mais, Reis und Buchweizen sind hingegen glutenfrei. Bestandteile des Glutens können bei Menschen mit entsprechender Veranlagung zu Glutenunverträglichkeit (Zöliakie) führen, einer entzündlichen Erkrankung der Darmschleimhaut.

KETTENFLUG: Bezeichnung für eine bestimmte Konsistenz und Temperatur von gekochtem Zucker. Bläst man den gekochten Zucker durch eine kleine Drahtschlinge, entstehen aufeinanderfolgende Blasen (ähnlich Seifenblasen). Diese Art der Kochprobe (und somit auch die Bezeichnung) stammt aus einer Zeit, als es noch keine Thermometer gab.

LAKTOSE/LAKTOSEFREI: Als Laktose bezeichnet man den Milchzucker, der natürlicherweise nur in der Milch von Säugetieren enthalten ist. Bei einer Laktoseintoleranz kann der Organismus den Milchzucker (Laktose) nicht richtig verdauen.

LEBENSMITTELFARBE: Pastöse Lebensmittelfarben wirken sehr intensiv. Verwenden Sie beim Einfärben Ihres Fondants oder Ihrer Eiweißspritzglasur zu Beginn immer nur sehr wenig Farbe und steigern Sie die Menge dann langsam. Wenn Sie Ihre Cupcakes mit Lebensmittelfarbe einfärben möchten, eignen sich dazu ebenfalls am besten pastöse oder Gelfarben. Von flüssiger Lebensmittelfarbe ist abzuraten, da Sie die Konsistenz der Toppings verändert (zu flüssig) und die gute Standfestigkeit somit beeinträchtigt wird.

LEBENSMITTELTHERMOMETER: Unabdingbar beim Verarbeiten von Kuvertüre, bestimmten Glasuren und beim Kochen von Zucker. Digitale Lebensmittelthermometer sind bereits ab ca. 25 Euro im Handel erhältlich. Beim Backen hängt das Gelingen oder Scheitern eines Rezeptes oft nur von ein paar Graden ab. Halten Sie sich beim Nachbacken unserer Rezepte wirklich genau an die Gradangabe. (Einstich- oder sogenannte Bratenthermometer eignen sich nicht für die Konditorei.)

LEMON CURD: siehe Curd.

MARZIPAN: siehe Modelliermarzipan.

MASCARINO: österreichisches Mascarpone-Produkt (etwas weniger weich als Mascarpone).

MODELLIERMARZIPAN: Im Handel erhält man zwei Arten von Marzipan: Modellier- und Rohmarzipan. Die Unterscheidung liegt im Wesentlichen in der Festigkeit. Mit Modelliermarzipan lassen sich Figuren modellieren oder Verzierungen formen. Rohmarzipan ist dafür gedacht, es zu verrühren oder etwas damit zu füllen.

PRÄGEMATTE: Meist aus Silikon oder anderem Kunststoff. Prägematten haben eine reliefartige Struktur und werden dazu verwendet, Modellier- und Überzugsmassen wie Rollfondant oder Marzipan zu „verzieren". Dazu rollt man die Überzugsmasse auf der Prägematte aus, das Relief der Matte drückt sich als Muster in die Masse.

PRALINENHOHLKÖRPER: Vorgefertigte Hohlkörper aus Kuvertüre, meist in Kugelform. Pralinenhohlkörper haben eine kleine Öffnung, durch welche das Innenleben der Praline eingefüllt werden kann. Die Öffnung muss nach dem Befüllen mit Kuvertüre verschlossen werden.

RAW BAKERY: Raw Food ist ein neuer Küchentrend, bei dem keine Zutat über 42 °C erhitzt wird, damit alle Vitamine, Enzyme und Nährstoffe erhalten bleiben. Stattdessen wird gemixt, zerkleinert, mariniert, eingeweicht und gedörrt.

ROLLFONDANT: besteht überwiegend aus Eiweiß und Zucker und ist im Fachhandel erhältlich. Rollfondant hat eine Konsistenz wie sehr festes Modelliermarzipan und wird oft mit Flüssig-Fondant verwechselt. Letzterer wird im Wasserbad erhitzt und wie eine Schokoladenglasur verwendet.

RUNDTÜLLE: siehe Tülle.

SIRUP: dickflüssige, konzentrierte Lösung, die durch Kochen oder andere Techniken aus zuckerhaltigen Flüssigkeiten wie Zuckerwasser, Zuckerrübensaft, Fruchtsäften oder Pflanzenextrakten gewonnen wird. Durch seinen hohen Zuckergehalt ist Sirup unter Luftabschluss auch ohne Kühlung lange haltbar. Aromatisierte Sirupe werden gern für Cocktails verwendet und sind auch für Cupcake-Toppings geeignet.

STERNTÜLLE: siehe Tülle.

TORTENDÜBEL: Um Torten stockartig übereinanderstapeln zu können, ohne dass sie in sich zusammenfallen oder einsinken, benötigt man eine innere Stütze. Tortendübel können Buchenholzstäbe oder Stäbe aus Kunststoff sein. Sie werden in die Torte hineingesteckt, sodass die obere Torte darauf „sitzen" kann, ohne die darunterliegende zu zerdrücken. Tortendübel funktionieren nur in Kombination mit der Verwendung von Cakebaords.

TÜLLE: rohrförmiger Gegenstand, den man in einen Dressiersack hineinsteckt; die im Dressiersack befindliche Masse wird durch die Tülle hinausgedrückt und erhält dabei je nach Tüllenform (Sterntüllen, Lochtüllen in verschiedenen Größen) ein spezifisches, dekoratives Aussehen. Tüllen können aus Metall oder Kunststoff sein.

TUNKGABEL: Spezialgabel, um Pralinen möglichst ohne sichtbare Spuren in Kuvertüre zu tunken. In verschiedenen Ausführungen erhältlich – abgestimmt auf die Art und Form der zu tunkenden Pralinen.

VEGAN: Verzicht auf tierische Produkte; einige unserer Rezepte sind entweder von vornherein vegan oder lassen sich durch die Verwendung von Margarine statt Butter vegan herstellen; sie sind extra gekennzeichnet.

ZESTEN: dünne Streifen der Schalen von Zitrusfrüchten.

ZUCKERKLEBER: Hinter der Bezeichnung „Zuckerkleber" steckt kein Gemisch aus Zucker und Wasser, auch wenn das oft vermutet wird. Es gibt verschiedene Arten von essbaren Klebe-, Binde- und Verdickungsmitteln: Tragant (Gum Tragacanth) verwenden wir in unserer Backstube. Es ist ein pflanzliches Binde- und Verdickungsmittel, genauso wie Gummi arabicum. Tragant ist in Pulverform erhältlich. Es quillt mit ein paar Tropfen Wasser zu einer klebrigen, gelartigen Masse. Als Pulver lässt es sich lange und unkompliziert lagern.

CMC (Natrium-Carboxymethylcellulose) ist ein künstlich hergestelltes Binde- und Verdickungsmittel, das auch als Haftpulver für Zahnprothesen verwendet wird.

Bereits mit Flüssigkeit angerührte Kleber auf Tragant- oder CMC-Basis haben eine sehr geringe Haltbarkeit, wenn sie einmal geöffnet sind.

NOTIZEN

♥

♥

♥

♥

♥

REZEPTVERZEICHNIS

~~~~~

130 GRAMM LIEBE

~~~~~~~~~

CUPCAKES, DIE GLÜCKLICH MACHEN

Klein, bunt und köstlich – so präsentieren sich Cupcakes in den Verkaufsvitrinen von »CupCakes Wien«, Österreichs erstem Cupcake-Shop. Doch seit Anfang 2012 haben sie auch die Küchen vieler backbegeisterter Leserinnen und Leser erobert! In ihrem ersten Buch "130 Gramm Liebe. Cupcakes, die glücklich machen" verrät Renate Gruber einen Auszug ihrer Original-Cupcake-Rezepte. Leicht verständlich geschrieben, auch für Anfängerinnen und Anfänger geeignet und mit vielen Variations- und Kombinationsmöglichkeiten bei den einzelnen Rezepten ist dies das erste Standardwerk für Cupcakes auf dem deutschsprachigen Markt.

Bereits im ersten Jahr erreichte das Buch die 4. Auflage und wurde von der Gastronomischen Akademie Deutschlands mit der Silbermedaille ausgezeichnet.

130 Gramm Liebe. Cupcakes, die glücklich machen
176 Seiten, mit ca. 100 Abbildungen und mehr als 50 Rezepten, EUR 25,–
Erschienen im Christian Brandstätter Verlag
ISBN 978-3-85033-727-4

300 GRAMM GLÜCK

~~~~~~

WILLKOMMEN IN DER WELT DES TORTENDEKORS

Ein Törtchen in Form einer süßen Handtasche gefällig oder vielleicht doch etwas Elegantes mit essbarem Blattgold für einen festlichen Anlass? In diesem Buch wird das Dekorieren von kleinen Torten gut und verständlich erklärt – in einfachen Schritt-für-Schritt Anleitungen.

Renate Gruber beschert uns mit ihrem Tortendekorbuch „300 Gramm Glück. Kleine Torten zum Verlieben" pure Freude am Gestalten von süßen Kunstwerken. Ob Anfänger oder bereits fortgeschritten, diese Kompositionen lassen jedes Tortenliebhaber-Herz höher schlagen. Tauchen Sie ein in die Welt des Tortendekors und verwöhnen Sie Ihre Lieben mit einem Stück vom Glück!

300 Gramm Glück. Kleine Torten zum Verlieben
176 Seiten, mit ca. 100 Abbildungen, EUR 25,–
Erschienen im Christian Brandstätter Verlag ISBN 978-3-85033-787-8

MINI-CUPCAKES

~~~~~~

DIE KLEINEN GLÜCKSBRINGER

Sie sind zu charmant, um sie zu essen, aber auch zu lecker, um es nicht zu tun. Mini-Cupcakes sind die kleinen Helden in Renate Grubers Backstube. „Denn das größte Glück steckt in den kleinen Dingen des Lebens", sagt die passionierte Konditorin und Bestsellerautorin. Von erfrischenden Holunder-Limetten-Mini-Cupcakes über cremige Nuss-Nougat-Kreationen bis zu exotischen Kokos-Stracciatella-Toppings: Die kleinen Glücksbinger beweisen, dass es nicht auf die Größe ankommt! Viele Rezepte sind vegan, gluten- und/oder laktosefrei.

Lassen Sie sich überraschen, was im Inneren der Mini-Cupcakes steckt.

Mini-Cupcakes. Die kleinen Glücksbringer.
176 Seiten, mit ca. 120 Abbildungen und mehr als 50 Rezepten, EUR 25,–
Erschienen im Christian Brandstätter Verlag
ISBN 978-3-85033-861-5

ICH MÖCHTE MICH
VON HERZEN BEDANKEN …

… für alle Möglichkeiten, die das Leben für mich bereithält. Ich weiß das sehr zu schätzen und freue mich jeden Tag darüber.

… bei meinen beiden Töchter Valerie und Sophia dafür, dass es euch gibt!

… bei meinem lieben Lars, der mich so verständnisvoll unterstützt und immer für mich da ist!

… bei meinem großartigen Team dafür, dass es gemeinsam mit mir die Vision von „CupCakes Wien" umsetzt und in die Welt hinausträgt. Ich bin auf jede/n von euch sehr stolz! Ein ganz besonderes Dankeschön an Renate, meine Konditormeisterin: Du warst mir eine großartige Unterstützung bei diesem Buchprojekt.

… beim Brandstätter Verlag, insbesondere bei Niki Brandstätter: für die freie Hand, die du mir bei den Büchern lässt, und das Vertrauen, das du mir dabei entgegenbringst. Und natürlich ein ganz großes Danke an meine Verlagsbetreuerin Stefanie Neuhart: Es ist jedes Mal ein Geschenk, mit dir arbeiten zu dürfen!

… für die wundervollen Fotos des Fotostudios Eisenhut & Mayer und die liebevolle grafische Gestaltung meiner Freundin Christine.

Eure Renate

DIE AUTORIN

Renate Gruber, geboren 1972 in der Steiermark, lebt und arbeitet in Wien. Ihre beiden Töchter haben sie in den letzten Jahren bereits tatkräftig bei ihren süßen Projekten unterstützt, nun hat das Studium die ältere Tochter Valerie nach Salzburg und die jüngere Tochter Sophia nach England verschlagen.

In England gab es auch die ersten Berührungspunkte mit Cupcakes und wunderschönen Torten, denen die Autorin und leidenschaftliche Grafik-Designerin nicht widerstehen konnte. Mit einem Auge für das Feine & Schöne kam Sie nicht umhin, es auch selbst zu probieren: Sie begann 2008 autodidaktisch mit eigenen Cupcake- und Tortenkreationen. Sie entwickelte und gestaltete und betrat – gemessen an der heimischen Patisserie-Tradition – völliges Neuland. Daraus wurde ein intensives Hobby und schließlich und endlich wurde aus dem süßen Hobby ein neuer Beruf. 2010 eröffnete Renate Gruber Österreichs ersten Cupcake-Shop. Ihm folgten 2012 und 2013 zwei weitere Geschäfte und im Jahr 2015 übernahm sie in der Wintersaison zwei weitere Shops. Ihr kleines Unternehmen wuchs in Windeseile und aus dem 1-Frau-Betrieb wurde zu Spitzenzeiten ein 30-Personen-Team. Das rasante Wachstum inmitten der berühmten Wiener K&K Kaffeehauskultur und die größer werdende Anzahl von Anbietern alternativer Süßspeisen führt sie auf die hohe Qualität der Produkte und die kreativen Gestaltungsideen zurück. Immer mehr Menschen legen besonderen Wert auf hübsch gestaltete süße Tische, perfekt aufeinander abgestimmte Farben und formschön arrangierte Köstlichkeiten. Wie man das am besten anstellt – für sich zu Hause oder für ein privates Fest –, das gibt Renate Gruber in diesem Buch liebevoll weiter.

Wenn Sie Inspirationen und Anregungen suchen oder sich von süßen Welten verzaubern lassen möchten, dann besuchen Sie doch einen der entzückenden Cupcake-Shops der Autorin.

SHOP 1

Josefstädter Straße 17, 1080 Wien

SHOP 2

Albertgasse 17, 1080 Wien

SHOP 3

CupCakes Wien im mumok,
Museumsplatz 1, 1070 Wien

SHOP 4

(von Oktober bis März)
Währinger Straße 12, 1090 Wien

SHOP 5

(von Oktober bis März)
Währinger Straße 152, 1180 Wien

IMPRESSUM

Bibliografische Information der Deutschen Nationalbibliothek
Die Deutsche Nationalbibliothek verzeichnet diese Publikation in der
Deutschen Nationalbibliografie; detaillierte bibliografische Daten sind
im Internet über http://dnb.d-nb.de abrufbar.

1. Auflage

Rezepte und Texte: Renate Gruber
Grafische Gestaltung: Christine Klell
Lektorat: Inge Fasan
Fotografie und Setstyling: Eisenhut & Mayer
Fotos S. 107, 165: Harald Eisenberger
Projektleitung Brandstätter Verlag: Stefanie Neuhart

Copyright © 2016 by Christian Brandstätter Verlag, Wien

ISBN 978-3-85033-976-6

Christian Brandstätter Verlag
GmbH & Co KG
A-1080 Wien, Wickenburggasse 26
Telefon (+43-1) 512 15 43-0
Telefax (+43-1) 512 15 43-231
E-Mail: info@brandstaetterverlag.com
www.brandstaetterverlag.com

Designed in Austria, printed in the EU